读懂人生 取巧做事

华 业/编著

中国商业出版社

图书在版编目（CIP）数据

读懂人生　取巧做事 / 华业编著 . — 北京：中国商业出版社，2008.4

ISBN 978-7-5044-6129-2

Ⅰ . ①读… Ⅱ . ①华… Ⅲ . ①人生哲学 — 通俗读物 Ⅳ . ① B821-49

中国版本图书馆 CIP 数据核字（2008）第 047907 号

责任编辑：唐伟荣

中国商业出版社出版发行

010-63180647　www.c-cbook.com

(100053　北京广安门内报国寺 1 号）

新华书店经销

天津冠豪恒胜业印刷有限公司印刷

*

710 毫米 ×1000 毫米　16 开　17 印张　230 千字

2008 年 5 月第 1 版　　2019 年 3 月第 2 次印刷

定价：48.00 元

*　*　*　*

（如有印装质量问题可更换）

前言
PREFACE

大千世界，人各不同，事各有异。在工作、生活中，我们不可避免地要与形形色色的人打交道，并遭遇到各种各样不同情况的事，如果你不“按牌理出牌”，往往会全盘皆输；但如果你只是按部就班，那也只能勉强完成任务，而很难取得最佳的效果。这就要求我们在做事的时候要学会取巧。

做事不能不取巧，不取巧就像赶路不看路，只顾埋头走，走错了路也不知道，即使走的是宽宽大道，实际上却绕了许多弯子，这时只要抬一抬头，可能就会发现不远处虽险却近的羊肠小道。

做事不能不取巧，虽说“无规矩不成方圆”，但很多时候规矩会成为我们前进和成功的羁绊。就像没有毛泽东的“农村包围城市”、“星星之火可以燎原”就没有新中国的成立，没有邓小平的“走具有中国特色的社会主义道路”、“一国两制”，就没有如今中国的富强昌盛、港澳地区的稳定繁荣一样。规矩是需要有的，但有时候还需要制定者去打破它。

做事取巧不是让你投机取巧，不是让你不择手段，更不是让你违法乱纪，而是教会我们在正正经经做人的基础上，学会思考，学会走捷径，学会在这个纷繁复杂的人际社会中怎样才能做事不吃亏，做事更完美。

本书收录了大量做事取巧的手段和方法，内容详尽，事例新颖具体，评论切实具有说服力，相信读者定能从中找出适合自己的做事取巧方式，在处理以后的生活工作中棘手的事情时更加游刃有余。

目 录

CONTENTS

第一章　知人行事，察言观色探底细 ………………………………… 001

1. 做事取巧先识人 ………………………………………………… 002

2. 知人知面更要知心 ……………………………………………… 005

3. 做事前要会防人一手 …………………………………………… 008

4. 世事洞明，觉察先机 …………………………………………… 011

5. 用别人的信息打造自己的成功 ………………………………… 013

6. 从性格入手，摸透对方 ………………………………………… 016

7. 表情是无声的语言 ……………………………………………… 019

8. 察言观色要全面 ………………………………………………… 022

第二章　未雨绸缪，准备做足办事快 ………………………………… 025

1. 机遇永远青睐有备而来之人 …………………………………… 026

2. 留点时间去正确思考 …………………………………………… 029

3. 把握随手可抓的机会 …………………………………………… 032

4. 切莫急躁，想好了再做 ………………………………………… 035

5. 抢一步不如慢半拍 ……………………………………………… 037

6. 做事要有条理和秩序 …………………………………………… 040

7. 不是缺少机会，而是缺少发现机会的头脑 ……………………… 044

8. 准备与风险的反比例关系 …… 047
9. 准备与否造成差距 …… 050
10. 一切失败的根源：准备不足 …… 054

第三章 取巧但不能贪急，心急吃不了热豆腐 …… 059

1. 快准狠，抢得先机 …… 060
2. 不仅需要冒险，还要会巧冒险 …… 064
3. 有胆识更要有魄力 …… 068
4. 做事要灵活，该快则快该拖则拖 …… 071
5. 只做需要做的事 …… 073
6. 像啄木鸟一样主动出击 …… 076
7. 犹豫不决是一切失败和悲哀的源头 …… 080
8. 智慧是一笔最大的财富 …… 082
9. 细节决定成败 …… 086
10. 高标准、高质量的要求自己 …… 089

第四章 打破潜规则，走自己的路 …… 093

1. 成事虽在天，谋事却在人 …… 094
2. 利用环境，而不是受制于它 …… 097
3. 创新者生，墨守者死 …… 100
4. 想不如说，说不如做 …… 104
5. 不要传统，要灵活 …… 109
6. 条条大道通罗马 …… 115
7. 向乌龟看齐 …… 117

第五章 以礼攻心，人情要储蓄 …… 121

1. 储蓄人情，时时做好 …… 122
2. 送礼的分寸和艺术 …… 125

3. 放长线，钓大鱼 …… 128
4. 送礼要送到心坎上 …… 131
5. 人情也可拿来做生意 …… 136
6. 远亲不如近邻 …… 139
7. 为自己储备几个“生死之交” …… 142
8. 重视领导身边的人 …… 145
9. 掌握时机，拉人一把 …… 147
10. 你敬我一尺，我还你一丈 …… 150

第六章　一个篱笆三个桩，一个好汉三个帮 …… 153

1. 寻找你生命中的贵人 …… 154
2. 尊重上司提高自己 …… 156
3. 为人豁达，处事得体 …… 159
4. 大树底下好乘凉，向成功人士靠拢 …… 162
5. 丰富的人际关系是你成功的阶梯 …… 166
6. 毛遂自荐，自抬身价 …… 170
7. 让朋友成为你事业的助推器 …… 174
8. 亲不亲，故乡人，落难时的有力臂膀 …… 177
9. 打虎还靠兄弟 …… 179
10. 同学是靠得住的贵人 …… 182

第七章　嘴巴也能布大局，做个舌灿莲花的人 …… 185

1. 打动对方是最重要的 …… 186
2. 分清主次，紧扣主题 …… 189
3. 不怕难下手，就怕难开口 …… 192
4. 巧妙委婉地拒绝 …… 194
5. 处世圆通慎言语 …… 197

6. 良好的谈吐是做事成功的催化剂 …………………………………… 199
7. 让陌生人不再陌生 ………………………………………………… 203
8. 找准切入点，勇开“金”口 ………………………………………… 206
9. 唯唯诺诺是无主见的表现 ………………………………………… 209
10. 忠言不逆耳，良药不苦口 ………………………………………… 212
11. 有的放矢，见什么人说什么话 …………………………………… 215

第八章 学会选择，退一步海阔天空 ………………………………… 219

1. 舍得香饵，才能钓到大鱼 ………………………………………… 220
2. 耐心放线，慧眼识珠 ……………………………………………… 223
3. 像蟑螂一样生活 …………………………………………………… 225
4. 忍耐和信仰 ………………………………………………………… 227
5. 用心计较般般错，退步思量事事顺 ……………………………… 229
6. 逃避不是为了别人，而是自己 …………………………………… 232
7. “老二”哲学 ……………………………………………………… 235
8. 做大事不必面面俱到 ……………………………………………… 237
9. 巧用时机化危机 …………………………………………………… 240
10. 放弃是为了更好的生活 …………………………………………… 243

第九章 做事先做人，做人先取信 ………………………………… 247

1. 言而有信，做人讲原则 …………………………………………… 248
2. 承诺了就要做到 …………………………………………………… 251
3. 人格魅力势不可挡 ………………………………………………… 254
4. 信誉是商人的生命 ………………………………………………… 258
5. 坚守信用是成大事者的最大关键 ………………………………… 261

第一章　知人行事，察言观色探底细

大千世界，人各不同。在做事的时候，我们不可避免地要同形形色色，喜欢与不喜欢，了解与不了解，平易近人与举止古怪等类型的人接触，所以当我们做事时，要根据每个人的品性、嗜好、特点等“知人行事，察言观色探底细”，才能与他人顺利交往，并把事情做好、办成。

1. 做事取巧先识人

《孙子兵法》中言："知己知彼，百战不殆。"这也是我们做事前最必要的准备工作之一。办事不了解对象，不仅达不到既定目标，往往还会适得其反。反之，了解了对方的情况，则能有备而来，游刃有余。

在做事的过程中，如果了解了以下几种类型的人，就会少走一些弯路，省去一些麻烦。这也是做事取巧的"窍门"之一。

（1）做事死板的人

这种类型的人，当有人很客气地与之打招呼、寒暄时，他也很难做出对方所预期的反应，而且通常他不会注意对方在说些什么。

与这种人打交道时，就要多花些时间，仔细观察、注意他的一举一动，从他的言行中，寻找出他所真正关心的事。紧接着，要抓住这一话题，让其充分表达自己的意见，也许你要办的事情在这个时候就有解决的机会了。所以，与这种类型的人交往，就要寻找并抓住其兴趣点所在。

（2）傲慢无礼的人

人们都不喜欢与傲慢无礼的人打交道，因为这种类型的人总表现出自视清高、目中无人，"惟我独尊"的样子。

当我们不得不与这种类型的人交往时，要注意说话应该简洁有力，不要长篇累牍，所谓"多说无益"，在与这类人交往时一定要谨记这一点。

当对方表现出十分客气的时候，我们就要谨慎了，因为，他多半是缺乏真心诚意的。最好的方法是，在不得罪他的情况下，言辞尽可能简洁。

（3）沉默寡言的人

当与不爱开口的人交往时，往往会让人感到头疼，对于这种类型的人，最好采取直截了当的方式，明确自己的观点，尽量避免迂回式的谈话。

（4）深藏不露的人

深藏不露的人，不肯轻易让人了解其心思，或知道他们在想些什么。当我们做事时，遇到一个深藏不露的人，最好的方法是把自己预先准备好的资料拿给他看，让其根据资料，作出最后决断，这种办法十分有效。

人们都有普遍的共性，大多不愿将自己的弱点暴露出来，即便你要求他说出自己的看法时，他也故意闪烁其词，从而给你留下一种“高深莫测”的感觉，而事实上，这只是他伪装自己的手段。

（5）草率决断的人

这种类型的人，当我们与其共事的时候，他们好像反应很快，常在交涉进行到最关键的时候，给人一种做事干净利落的感觉。但由于这类人多半性子急，因此，有时候他们做事就会显得随便而草率。

一般来讲，这种类型的人经常会“错误地领会别人的意图”，在没有耐心听完别人谈话的情况下，就往往“断章取义”，作出自己的判断。在这种形势下，作出草率的决定，多半会留下后遗症，进而影响到以后事情的顺利发展。

当我们遇到这种人时，最好把谈话分成若干段，或者把事情分层次地讲给他听，征求他的意见，让其有充分的考虑时间，如果没有问题，再继续进行下去。

（6）行动迟缓的人

这种类型的人不仅说话慢，做事也总是很慢，换句话说，也就是行动比较缓慢。对这类人绝对不能着急，因为他的步调与我们的进度总有一定距离。所以，我们拿出耐心，尽可能配合他去做，这样做比急着催促他更为有效。

（7）自私自利的人

自私自利的人心中只有自己，凡事都以自己的利益为中心，假如要让他做些于自己无利的事，是很困难的。

当我们在做事的时候，遇到这种类型的人要暂时按捺住自己的厌恶之情，用最恰当的方式顺水推舟、投其所好。对方一旦发现自己的利益被保全了，心里自然高兴，如此，事情也就好办多了。

事是死的，但人是活的。办法总比困难多。做事前认清摸透对方的性格脾气，“因地制宜，因人而异”。懂得对症下药，量体裁衣，这才是做好事情的前提。

2. 知人知面更要知心

从外部观察一个人，并由此了解其性格、为人是“知人行事”的第一步，而摸清对方的心理和意图则是一门更为高深的“功夫”，这不仅需要察人者有一颗善于思考和机敏的大脑，还需要有在社会中不断阅人、磨励的经验。

西汉元帝刘奭登基后，将当时著名的学者贡禹请到朝廷，征求他对国家大事的意见，这时朝廷最大的问题是外戚与宦官专权，正直的大臣难以在朝廷立足。对此，贡禹不置一词，因为他不愿得罪那些权势人物，但他给皇帝提了一条建议，即请皇帝注意节俭，将宫中众多宫女放掉一批，再少养一点马。事实上，汉元帝本来就很节俭，而且他早在贡禹提意见之前已经将许多节俭的措施付诸实施了，正打算裁减宫中多余人员及减少御马，贡禹只不过将皇帝想要做的事情说出来，汉元帝自然乐于接受。于是，汉元帝既博得了纳谏的美名，而贡禹也达到了迎合皇帝而又不得罪权贵的目的。

宋代政治家司马光对贡禹的这种做法很不以为然，他批评说：“忠臣侍奉君上，应该要求他去解决国家所面临的最困难的问题，其他较容易的问题也就迎刃而解了；应该补救他的缺点，而他的优点不用说也会得到发挥。当汉元帝即位之初，向贡禹征求意见时，他应当先国家之所急，其他问题可以先放一放。就当时的形势而言，皇帝优柔寡断，谗佞之徒专权，是国家急待解决的大问题，对此贡禹一字不提。恭谨节俭，是汉元帝的一贯作风，贡禹却说个没完没了，这算什么？如果贡禹不了解国家的问题，他算不上什么贤者，如果知而不言，罪过就更大了。”

司马光身为一代明相，清明廉洁，政绩累累，但在分析贡禹之事时却过于偏颇了。古代的帝王在即位之初或某些较为严重的政治关头，时常要下诏求谏，让臣下对朝政或他本人提意见，表现出一副弃旧图新、虚心纳谏的样子，其实这大多是一些故作姿态的表面文章。一些实在的大臣往往十分认真，不知轻重地提一大堆意见，这时常招来忌恨，埋下祸根，早晚会招来帝王的打击报复。但贡禹却十分聪明，专拣君上能够解决、愿意解决、甚至正在着手解决的问题去提，而回避重大的、棘手的问题，这样避重就轻，避难从易，避大取小，既迎合了上意，又不得罪人，表明他圆熟老道的官场哲学和技巧。

唐高宗李治将要立武则天为皇后，遭到长孙无忌、褚遂良等一大批元老重臣的反对。一天，李治又要召见他们商量此事，褚遂良说：“今日召见我们，必定是为皇后废立之事，皇帝决心既然已经下定，要是反对，必有死罪。我既然受先帝的顾托，辅佐陛下，不拼死一争，还有什么面目见先帝于地下！”

李勋同长孙无忌、褚遂良一样，也是顾命大臣，但他看出，此次入宫，凶多吉少，便借口有病躲开了；而褚遂良由于直言不讳，当场便遭到武则天的切齿斥骂。

过了两天，李勋单独去见皇帝。李治问他：“我要立武则天为皇后，褚遂良坚持认为不行，他是顾命大臣，若是这样极力反对，此事也只好作罢了！”

李勋明白，反对皇帝自然是不行的，而公开表示赞成，又怕别的大臣议论，便说了一句滑头的话：“这是陛下家中的事，何必再问外人呢？”

这句回答真是巧妙，既顺从了皇帝的意思，又让其他大臣无懈可击。李治因此而下定了决心，武则天终于当上皇后。反对派长孙无忌、褚遂良都遭到了迫害，只有李勋官运一直亨通。

读者们不要误会，我们并不是提倡贡禹、李勋之流的不讲原则、只求自保的做法，只是要说明一个道理：在特定的情况下，面对特定对象的特定心理和意图，对症下药有时可能是聪明人最好的选择。在当今社会，好与坏、善与恶的界限已经越来越模糊，在坚持自己正直做人的大前提下，做些利己不损人的事情也是未尝不可的。

3. 做事前要会防人一手

几乎所有的家长都会在即将成年而出门在外的孩子耳边唠叨一句："害人之心不可有，防人之心不可无！"的确，"害人之心不可有"，因为害人会有法律和道德上的问题，但防人之心却万万不可无！

防骗子，防小人，防无赖……有时候甚至还要防朋友，防熟人。

朋方也要防吗？是的。"人非圣贤，孰能无过。"朋友也会有性格偏执，也会有人格缺欠，甚至也会品行不端。朋友常向你坦露真诚、友善的一面，常予你帮助，予你关怀，朋友与你越亲近你就越会向朋友敞开心灵的大门，会不自觉地裸露灵魂。可以说，在朋友面前，你是把你最柔软、最脆弱的部位送到了他的眼皮底下。当然，此时在你的面前，朋友也是最裸露的。

但商场、官场有言道："只有永远的利益，没有永远的朋友。"当因某事、某观点，甚至某一句话触犯了朋友的利益时，就会产生磨擦，产生矛盾。这时候，如果掉以轻心，不提高戒备，那朋友的铁拳可能就会"招呼"到你的软肋上。

如你与同事关系亲密，但当升迁的选择发生在你们之间时，即使你能客观面对，但你能保证同事不搞小动作，不去抢夺那个太过于吸引人的位置吗？

明枪易躲，暗箭难防。所以，不要轻易在他人面前把自己所有的防护都卸下来。

只要你藏好自己的弱点，不轻易露出锋芒，那么，就不会被人找到你的“软肋”，也就不会遭受他人的背后一击了。

东汉末年，刘备和许汜闲谈，谈到徐州的陈登时，许汜说：“陈登文化教养太低，不可结交。”

“你有根据吗？”刘备感到惊异。

“当然有。”许汜说，“头几年，我去拜访他，谁想他一点诚意也没有，不但不理人，而且天天让我睡在房角的小床上。”

刘备笑着说：“他这样做是对的。你在外边的名气大，人们对你的要求也就高了。当今之世，兵荒马乱，百姓受尽了苦。你不关心这些，只打听谁家卖肥田，谁家卖好屋，尽想捞便宜。陈登最看不起这样的人，他怎么会同你讲心里话？他让你睡小床，还算优待哩。若是我，就让你睡在湿地上，连床板也不给。”

许汜听后，方恍然大悟。

一般来说，了解、识别人的办法有七种：一是通过交谈来了解其立场；二是制造突发事件以了解其应变、处理能力；三是通过策划方案来了解其学识；四是告诉危难情况来了解其胆量和勇气；五是用酒色来了解其修养；六是给予其得到财物的机会以观察其是否廉洁；七是嘱托其办事以观察其是否守信用。即识别人要从多个角度进行。

比如说领导要想区别谁是小人谁是君子，千万不能靠赏赐和晋升来达到目的。要知道，赏赐和加官晋爵是小人极力追求的目的，为了达到这个目的，他们是不择手段的，往往会蒙蔽上司，伪装成君子的样子。既然君子之志不在于封赏，那么在他做出业绩之后，领导可以采用表扬、激励的方法，让其感受到领导的信任、欣赏，这就足够了。如果过了一段时间，他没有因为不被提拔而闹情绪，那么说明他具备了真君子的条件，这时，领导尽可以放心大胆地任用他。

小人最擅长的是阿谀奉承，他们这样做的最终目的是为了得到回报，一旦他们取得领导的信任或任命，就会很快地不可一世，此时，他们的真实嘴脸就会暴露出来。

所以一定要留意身边一味顺着自己的意志说好话的人，切不可因为他说的都是自己爱听的话就信任他，那样做无异于养虎为患。

君子是品格、道德、学问极高之人，足以为民众之表率。但是若表面伪装得一副道貌岸然、清高的模样，暗地里却做着违反常伦、伤天害理、阴险狡诈的事情，那便是个令人寒心的伪君子。

“宁为真小人，不耻伪君子。”伪君子比小人可恨之处就在于他暗地行小人之事，明面上却伪装成正人君子，让他人对之信任，进而疏于防范，做出让人防不胜防的坏事。

所以，不论对方是何种人，我们在与之交往之初，都要多个心眼，多个防护，以免自己受到意想不到的伤害。

4. 世事洞明，觉察先机

一个仅仅跟着别人走的人，永远都不会有太多的收获，永远也不会有太大的成就。因为他们只会循规蹈矩亦步亦趋。当他们回过神来的时候，别人早已超越前去或是回过头来，将其击败了。所以，要做事，就要先做个有先见之明的人。

先见之明者，就是目光能及别人所不及，就是思维能想别人所不能想。

人无远虑，必有近忧。先见之明能帮助我们避开面临的危险，因为它基于对现实的准确判断。一个人有先见之明，他必定少走弯路。少走弯路，自然能够较快成功。

看得远，才能走得远；走得远，才能知得多。

工作中任何事情若能抢占先机，先发制人，才是成功的捷径。

工作有时好像大清早上班挤公交，每一部车都是满的，车内人挤人，有时气都喘不过来。可是如果提前十分或二十分钟搭车，情形又不同了：乘客很少，而且有空位，在车上还可以看看报纸，只十分或二十分钟之差，却有那么大的不同。

听古代剑术名家的故事，常有“在刀尖三寸前躲开”的描写。对方挥刀砍过来，刀尖快触到自己身体的一霎那，闪身躲开了。

对方也是高手，来势犹如闪电一般，要躲开不是那么容易。等到对方砍过来才考虑如何躲闪，是来不及的。长期磨练才会有灵敏的直觉，在无意识中，对方的一举一动了如指掌，不必等到对方开始行动才想办法应付，不然在真刀真枪的世界是站不住的。

经营事业也是这样。无论什么时候，公司都在激烈竞争的漩涡中，为了不在竞争中落后，必须将对方的想法、动向摸得一清二楚。

“遇到这种情形的时候，这个公司一定会采取这样的对策，那个经营者的想法一定是这样……”深入了解，才能够做到“我们公司应该用这个办法应付，他们那样我们就这样……”事先有心理准备，公司就有应变的措施。

如果等对方采取行动才来研究对策，在这个变化多端、竞争激烈的时代，是注定要落伍的。

深事深谋，浅事浅谋，大事大谋，小事小谋，远事远谋，近事近谋，都必须具备深远高明的见识与策略。计谋贵在高人一筹，策略贵在先人一着。能看到他人不能看到的，思考他人不能思考的，推算他人不能推算的，这才是远谋大略。

要想做事成功，就必须有先知先觉，有先见之明，什么事都能先人一着，就能取胜。

第一名永远都只有一个，而紧随第一名之后的，永远都是那些也想成为第一名的人。要想永远领先，就必须永远先人一着，而又不囿于这一着上，即使他人奋起直追，却仍然保持着那段不可逾越的距离，这样，不管面对什么工作，都可以自信满满，出奇制胜了。

5. 用别人的信息打造自己的成功

当今世界是个信息爆炸的时代。信息在我们的工作、生活中被明确地放在了首要位置。掌握了最先进、自己最需要的信息，就相当于掌握了市场与本行业的脉搏。

克拉司雷，原先是一家路边小商店一天只能挣几毛钱的小伙计，后来他拥有了自己的克拉司雷汽车公司，成为美国著名的汽车公司之一。

他究竟用什么方法，使那么多人都青睐他的汽车呢？

克拉司雷说："像我这样依靠千万个主雇的满意而得到事业上成功的人，最好的方法之一就是将这千万个主雇看成是一个主雇。如果某个人的建议和意见，与我们的事业有关，那么就应认真听取，谨慎从事，尽量地使他满意。长此坚持这样做，就会有成千上万的人对我们满意。将整个营业对象设想成一个人，这一点没有更深奥的意义，而在当时却能决定你事业上的成功。"

众所周知，克拉司雷平时很注重研究这些主雇的兴趣和需求。他挑选一个典型的主雇作为对象，以他的观点、态度、习惯、嗜好等，计划自己的事业，实施自己的工作及努力方针。

克拉司雷清楚，无论是商人或是工程人员、教师或管理员、编辑或作家、银行家或实业家，展现在他们面前的所要感应的人群，常常是一片朦胧的、变化多端的形象。因此，我们中间无论哪一位，要想以千万人为对象进行小单元的研究，清楚地想出一个应付的方案来，实际上是不太可能的。这样做的结果，只能是被自己的需要及兴趣所左右，而不能真正地考虑到别人的需要和兴趣。所以，如果你不能将千万个人当做一个整体来研究、观察，那么，对于你所要影响的人群，你肯定不能很好的了解。

为了避免这类错误的发生，克拉司雷将他的一切决策设立了一个简单的标准，即以一个典型的具有代表性的男子和女子来代表他的全部主雇。

一位很有名气的广告家，也曾用同样的策略成就了自己的事业。他在自己的办公桌上陈列了各种人的照片，以代表他所要应付的几种典型的人物。这样，他的思想才会常常集中在别人的种种兴趣和需求上，而不至于拘泥于自己的意向上。

纽约著名报刊发行人斯特朗曾经告诉我们，他怎样将所有的读者作为一个“横截面”，依照其收入的多寡分为四级，然后派10个人分别与4千个代表这一级别的男女进行个别交谈，征询他们报纸应注意哪些方面的材料，以及他们喜欢什么或不喜欢什么等等。将这些人所谈的内容进行分析总结，然后记者们依照结论进行采访和写作。斯特朗说：“如果我们不这么做，我们所印出来的报纸也许只适合我们自己，那么这份报纸是永远也得不到公众欢迎的。”

在第二次世界大战中曾任联军司令的法国名将福希，当他从军官学校毕业的时候，他并不像其他军官那样乐于到繁华热闹的城市去工作，而是选择了太勃斯这个不起眼的小城区。因为在这个城区里各个地方的法国人常来参加热闹非凡的赛马节，他可以从容观察他们“特殊的气质”。这位将军在他的毕生的事业中始终致力于对人的性格的研究，这对他用不同的策略指挥不同个性的下属有着极为重要的意义。

有学者这样评价他说：“他对各种各样的人物心理状态的感知、他对各种典型人物的了解、他的驾驭众人的策略、他与下属融为一体的才能，可以说与他的伟大的军事天才不相上下。”

另一种获取别人意见的方法就是深入公众之中。

葛洛奇，这位早年的新闻记者，后来成为《波士顿邮报》的发行人及大股东，就是利用这种方法取得成功的。

在担任《波士顿邮报》的编辑时，他常常混杂在市区里熙熙攘攘的人群中，或者漫步在石阶旁，或者驻足稍息在旅店、商场的大厅里，敏锐地静听人们的谈话，了解他们的心理和嗜好，并以此确定自己的编辑方针。

大凡成功之人，都能这样运用不同的方法去观察、研究他所要影响的一些人，然后按照他们的心理需求去满足他们。

现实生活中，也有许多人忽视了对人的潜心的研究。哈佛商业学校校长童翰认为这点是许多人事业上不成大器的重要原因之一。“在我们从事的商业界中，的确有不少似乎充满了才华的人，他们工作勤奋、对主人的旨意从不打折扣，他们自己坚信是很热心地服务于自己的公司的。他们的这种勤奋及忠诚在一定程度上也获得了上司及主人的好感，并提升他们做自己手下的管事或领班。但是，他们就是不能再一次地超越自我，其前程也永远止足不前了。”童翰接着说，“最简单的理由就是因为他们对于每个问题常常是依照他们自己所熟悉的那一局部的办事立场来解决，他们根本没有想到考虑全局或以公司主人的立场去解决。他们也从不去设想：主人为什么这么想？他是怎样看待这一问题的？我的想法与主人的差距何在？如果我真的处于主人的位置，对于这类事情我又该如何去处理？这就是这类人的问题的症结所在。”

任何事物的存在，任何事情的发生，都会发出某种信息。信息在做事与人打交道中意义非凡，我们要学会在这些他人传达的信息中寻找、觉察、抽取、运用对自己有用的东西。

6. 从性格入手，摸透对方

性格往往决定着一个人为人处世的一切行为和举动。所以我们在做事时，除了要考虑对方的社会身份之外，还要注意观察对方的性格，从而采取“对症下药”的方法。

所谓透过现象看本质，本质是现象的根源，现象是本质的体现，所以，一个人的性格特点往往通过自身的言谈举止、表情等流露出来，那些快言快语、举止简捷、眼神锋利、情绪冲动的人，往往是性格急躁的人；那些直率热情、活泼好动、反应迅速、喜欢交往的人，往往是性格开朗的人；那些表情细腻、眼神稳定、说话慢条斯理、举止注意分寸的人，往往是性格稳重的人；那些安静、抑郁、不苟言笑、喜欢独处、不善交往的人，往往是性格孤僻的人；那些口出狂言、自吹自擂、好为人师的人，往往是骄傲自负的人；那些懂礼貌、讲信义，实事求是、心平气和、尊重别人的人，往往是谦虚谨慎的人。对于这些不同性格的办事对象，一定要具体分析，区别对待。

《三国演义》中有这样一个故事：

马超率兵攻打葭萌关的时候，诸葛亮对刘备说：“只有关羽、赵云二位将军，方可对敌马超。”

这时，张飞听说马超前来攻关，主动请求出战。

诸葛亮佯装没听见，对刘备说：“马超智勇双全，无人可敌，除非往荆州唤云长来，方能应战。”

张飞说：“军师为什么小瞧我？我曾单独抗拒曹操百万大军，难道还怕马超这个匹夫！”

诸葛亮说：“你之所以获胜，是因为曹操不知道虚实，否则你怎能安然无事？马超英勇无比，天下的人都知道，他渭桥六战，把曹操杀得割须弃袍，差一点丧命，绝非等闲之辈，就是云长来也未必能胜他。”

张飞说：“我今天就去，如战胜不了马超，甘受军法处置！”

诸葛亮看“激将”法起了作用，便顺水推舟地说：“既然你肯立军令状，便可以为先锋！”

类似的故事还有很多，诸葛亮针对张飞脾气暴躁的性格，常常采用“激将法”来说服他。每当遇到重要战事，先说他担当不了此任，或说怕他贪杯酒后误事，激他立下军令状，增强他的责任感和紧迫感，激发他的斗志和勇气，扫除他的轻敌思想。

我们在做事时面对的人各有不同，对方的身份、兴趣、爱好、长处、弱点、性格、思想观点等，这些都是需要注意的内容，但身份与性格却是里面的重中之重。

战国时期著名的纵横家鬼谷子曾经精辟地总结出与各种各样的人交谈的技巧：“与智者言依于博，与博者言依于辩，与辩者言依于事，与贵者言依于势，与富者言依于豪，与贫者言依于利，与战者言依于谦，与勇者言依于敢，与愚者言依于锐。”“说人主者，必与之言奇，说人臣者，必与之言私。”

因此，我们在做事之前，一定要对自己将要面对的对象的情况作客观深入的了解。只有知己知彼才能“百战不殆”。

例如，文化程度较高的人对知识性的东西抱有极大的兴趣，不屑听肤浅、通俗的话，应充分显示你的博学多才，多作抽象推理，致力各种问题之间的内在联系探讨。

文化程度较低的对象，听不懂高深的理论，应多举生活中的事例。

刚愎自用的对象，不宜循循善诱时，可以用激将法。

爱好夸大的对象，不妨用诱兵之计。

脾气急躁的对象，讨厌喋喋不休的长篇说理，用语需简要直接。

性格沉默的对象，要多挑逗他说话，不然你将在云里雾中。

头脑顽固的对象，对他硬攻，容易形成僵局，造成顶牛之势，应看准对方最感兴趣之点，进行转化。

从语言中了解对方，是做事成功的关键。我们可以从言谈的微妙之处观察对方的性格特征和内心活动。

性格刚强自信的人，很少使用“那个……”，“嗯……”，“这个……”这类的口头禅。反之，小心谨慎、优柔寡断的人常用这类语汇。很多语言心理学家认为，在谈吐中常说出“果然”的人，自以为是，强调个人主张。经常使用“其实”的人，希望别人注意自己，他们任性、倔强、自负。经常使用“最后怎么怎么”一类词汇的人，大多是潜在的欲求未能满足。

所以，从表象入手，进而深入挖掘，摸清对方的性格是决定做事成功与否的关键所在。

7. 表情是无声的语言

表情不仅是一种无声的语言，更是做事时的秘密武器。行为学家认为，人的许多表情动作都是具有生物学意义上的适应性活动的遗留。在人类社会的历史发展过程中，表情不断丰富和复杂化，并增加了后天训练和习惯的内容。

不同的民族具有与各自文化背景相符的特定情感表现方式。西方人的情绪外露而强烈，而东方民族的情绪表现则十分含蓄而矜持。有些习惯性的动作在特定文化中有其特定涵义，如中国、法国、德国等国家的人以点头表示“对”，而在保加利亚等国点头则表示“不对”；中国人以拍肩表示关心和爱护；欧洲人以耸肩表示遗憾或惊讶；与朋友见面，中国人以握手表示亲近，而在很多西方国家则以拥抱、亲吻表示亲近。

显然，了解动作表情的涵义，对正确表达和理解思想感情是有益的。事实上，在谈话时，不管你自己是否注意到，你的表情总是在作出自然的呼应，眼睛凝视着对方，表明你对他的话感兴趣；你若东张西望，则显得心不在焉；下意识地看看手表，这可能意味着你听得无聊。

表情的呼应要与对方的神情和语言相协调。一个说话幽默风趣的人，你的笑声会增添他的兴致；他说话紧张时，你屏住呼吸则强化了紧张气氛。表情反应要自然坦率，不能故意做作，动辄大惊小怪地做出表情，会使人觉得你不真诚。

面部表情可以反映一个人的内心世界。表情是一个人内在精神的外部表现，是自然而然流露出来的。你要想推销自己，就要有真诚的态度，有了真诚的态度，你就会产生自然动人的表情，就会感染客户。

美国著名心理学家艾伯特·莫拉比安说："非语言的讯息对我们所说的话，可能会背道而驰，也可能有加强作用。不论是哪种情况，这种非语言讯息在沟通上，比说话更具有潜力。"

基于此，莫拉比安给出一个合理的总结：当非语言的行为与说话内容冲突时，非语言的行为远比说话更具影响力。换而言之，接触、姿势、手势以及面部表情，远比说话重要，并决定讯息传递的感觉。

据权威机构核实，在对人的影响力方面，面部表情占55%，语言的表达（声调）占38%，而说话仅占7%。假如面部表情与说话不一致，那么，面部表情所传递的喜好程度，将会主导并决定整体沟通的效果。

以下，具体说明凭表情判断性格的诀窍。

在几乎所有生物中，人的表情是最丰富、也是最复杂的。每个人都有一副独特而不容混淆的面相，即使双胞胎也不例外，因此人们相见时，给人印象最深的就是脸。从这张脸上，大致能反映出年龄、性别、种族烙印，而且通过表情也可以流露出该人当时的情绪变化状况。

当人们与他人交往时，无论是否面对面，都会下意识地表达各自的情绪，与此同时也注视着对方做出的各种表情，正是这种过程，使人们的社会交往变得复杂而又细腻深刻。

在高明的观察者看来，每个人的脸上都挂着一张反映自己生理和精神状况的"海报"。狄德罗在他的《绘画论》一书中说过："一个人他心灵的每一个活动都表现在他的脸上，刻画得很清晰，很明显。"

愉快的表情在日常生活中很容易有被观察的机会，它的特点是：嘴角拉向后方；面颊往上抬；眉毛平舒；眼睛变小。

不愉快的表情，它的特点是：嘴角下垂；面颊往下拉，变得细长；眉毛深锁，皱成"倒八"字。

人的大脑分为两半球，发自内心的感觉通常由右脑控制，却具体反映在左脸上；而左脑则专司理智性情感，反映在右脸上。因此左脸的表情多为真的，右脸的表情有可能是假的。若想知道对方的真实感情，必须强迫自己去观察对方的左脸。

从面部表情上，读透了内心所蕴藏的玄机，是识人高手厚积一世而薄发一时的绝技，而最经典的莫过于三国时，诸葛亮和司马懿合唱的“空城计”了。

当诸葛亮带领一帮老弱残兵坐守阴平这座空城时，兵强马壮的司马懿父子，率领20万大军兵临城下。在城墙之上，诸葛亮焚香朝天，面色平静，他旁若无人地洞开城门，自己端坐在城墙之上，手挥五弦，目送归鸿，飘飘然令人有出尘之想。

一场叹绝千古的双簧戏，由此拉开了帷幕，诸葛亮和司马懿，这对势均力敌的高手，一个在城墙之上，一个在城墙之下，用心机对峙着。诸葛亮知道司马懿一眼能看穿他虚张声势的空架式，但诸葛亮更知道，司马家族和曹氏家族的冲突，倘若司马懿拿下诸葛亮，三国鼎立之势不再，司马家族目前羽翼未丰，最后难逃兔死狗烹的下场。

精通军事的司马懿当然知道替刘邦打天下的韩信的下场。诸葛亮的存在，让司马懿有了和曹丕周旋的机会，对付诸葛亮，曹丕还必须倚重司马懿，诸葛亮一倒，曹丕立刻没了后顾之忧，安内是必然之举，那一刻，哪里还有司马家族的容身之地。

所以，在表面平静的背后，俩人心中都是波澜起伏，就是因为诸葛亮一生谨慎，心知司马懿不会下手，才敢下这招看似冒险之棋；当司马懿的儿子提醒说，诸葛亮在使诈，城中必无伏兵，心知肚明的司马懿，立即打断他的话，以诸葛亮一生谨慎的话，搪塞过去了。机智的司马懿从诸葛亮平静的表情上领悟到，这是诸葛亮用谋略和他合唱双簧戏，这出戏，非大智大慧的人，绝不可能唱得如此之好。

8. 察言观色要全面

细节决定成败。察言观色并非神通，而是有心人注重细枝末节，再用巧妙的方法将之运用而已。

在做事中察言观色，随机应变，也是一种本领。例如在访问中我们常常会遇到一些意想不到的情况，访问者全神贯注地与主人交谈，与此同时，也应对一些意料之外的信息敏锐地感知，恰当地处理。

假如对方一面跟你说话，一面眼往别处看，这表明你的来访打断了什么重要的事，对方心里惦记着这件事，虽然他在接待你，却是心不在焉。这时你最明智的方法是打住话头，真诚而充满期待地说："您一定很忙，我就不打扰了，过一两天我再来听回音吧！"你走了，对方心里对你既有感激，也有内疚：因为自己的事，没好好接待人家。这样，他会努力配合你的工作，以此表达歉意。

在交谈过程中突然响起门铃、电话铃，这时你应该主动中止交谈，请主人接待来人或接听电话，不能听而不闻滔滔不绝地说下去，使主人左右为难。

当你再次访问希望听到所托之事已经办妥的好消息时，却发现主人受托之后尽管费心不少但并没圆满完成甚至进度很慢。这时你难免心中着急，可是你应该将到了嘴边的催促化为感谢，充分肯定主人为你做的努力，然后再告之以目前的处境，以求得理解和同情。这时，主人就会意识到虽然费时费心却还没有真正解决问题，产生了好人做到底的决心，进一步为你奔走。

做事中，对他人的言语、表情、手势、动作以及看似不经意的行为有较为敏锐细致的观察，是掌握对方意图的先决条件，测得风向才能使舵。和对方打交道时，如果能对其的举手投足，一颦一笑细心观察，我们便能洞悉其内心：

（1）说话时不抬头，不看人。这是一种不良的征兆——轻视对方，认为此人无能。

（2）从上往下看人。这是一种拥有优越感的表现——好支配人、高傲自负。

（3）久久地盯住对方看。他在等待更多的信息，他对对方的印象尚不完整。

（4）友好而坦率地看着对方，对方很有能力、讨他喜欢，甚至错误也可以得到他的原谅。

（5）目光锐利，表情不变，似利剑般要把对方看穿。这是一种权力、冷漠无情和优越感的显示，同时也在向对方示意：你别想欺骗我，我能看透你的心思。

（6）偶尔往上扫一眼，与对方的目光相遇后又朝下看。如果多次这样做，可以肯定对对方还吃不准。

（7）向别处凝视，不时微微点头。这是非常糟糕的信号，表示漠视对方，不管对方说什么，想什么，他一概不理会。

（8）双手合拢，从上往下压，身体起平衡作用。这多表示和缓、平静。

（9）双手插腰，肘腕向外撑。这是好发命令者的一种传统人体语言，往往是在展示其权威性时所做的姿势。

（10）坐在椅子上，将身体往后靠，双手放到脑后，双肘向外撑开。这固然说明他此时很轻松，但很可能也是自负的表示。

（11）食指伸出指向对方。一种赤裸裸的优越感和好斗心。

（12）拍拍对方的肩膀。这是表示对对方的承认和赏识，但只有从侧面拍才表示真正的承认和赏识，如果从正面或上面拍则表示小看下属或显示权力。

第二章　未雨绸缪，准备做足办事快

“成事不足，败事有余”是形容那些眼高手低，自以为是的人的。没有谁能随随便便成功，成功是通过点滴积累而成的。此外，有的人急功近利为了一时的眼前利益，可以不择手段。这些都是做事的大忌。

1. 机遇永远青睐有备而来之人

机遇只偏爱那些做事有条理，为事业的成功做了最充分准备的人。

只有做事有条理的人才懂得积累实力，而当他们自身的实力积累到一定的程度时，机遇便会自动登门拜访。如果机遇可被每个人轻而易举地抓住，尤其是那些做事毫无条理得过且过的人，那么这种机遇便显得没有多少价值了。

的确，只有爱思考的、做事前有充分准备的人，才能获得机遇。

“机遇只偏爱有准备的头脑。”这是一句早为人们耳熟能详的名言。

做事成功的人之所以能够获得命运的青睐，又能在机遇来临之时牢牢地抓住机遇，就是因为他们为此进行了漫长和充分的准备。他们就像一颗颗种子在黑暗的泥土中蓄积营养和能量，一旦听到春风的呼唤，他们就会破土而出，长成挺拔俊秀的栋梁之材。这就很好地解释了这样一些问题，即：为什么有的人总能得到比别人更多的机遇？为什么面对同样的机遇有人成功，有人却失败了？为什么有些资质原本不好的人却能得到命运的垂青，而某些天资甚佳者却最终庸碌无为？为什么成功者总显得比别人幸运？等等。答案只有一句话：机遇只偏爱那些为了事业的成功做了最充分准备的人。换句话说，只有在“万事兼备”的情况下，东风才显得珍贵和富有价值。

机遇是被人创造出来的，是人的主观能动性和外界环境变化的客观必然性的结合。主观方面条件的增强会影响到客观环境的变化，使好的机遇更容易产生。同样，当一定的客观机遇已经出现后，那些不断在提高自身素质方面进行努力的人则要较之常人更容易接近和抓住这些机遇。

许多做事成功者就是创造机遇的高手，开始时他们是在找寻机遇，而一旦当他们自身的实力积累到一定的程度时，机遇便会自动登门拜访。而且，随着他们自身才能的不断提高，知名度的不断增大，所面临的发展机遇也会相应地有质和量的提高。所以，没有他们的这些主观努力，就不会有这么多的良好机遇。从这个角度上说，机遇是那些有准备的人创造出来的，是对其努力的一种肯定和回报。

机遇是一种稀缺的、条件苛刻的社会资源，想得到它，必须要付出相当的代价和成本，必须具备相应的足以胜任的资格，而这一切都离不开长期艰苦卓绝的准备。这就是机遇永远青睐有备而来之人的原因。

虽然有时那些毫无准备的人也会获得某种机遇，但从长远来看，这些人很少能有所建树。而在我们视力所及的当代名人的成功史上，无不记载着他们为迎接机遇所做的种种准备。

当今时代，人才济济，很多时候都是工作在选择我们，而不是我们都选择工作，所以，很多情况下，并不是每个人都能拥有自己喜欢的工作或从事自己喜欢的职业。

当面临这种情况时，有人将之视为不幸，而有人却将之视为机遇，他们能重新调整自己的人生目标，不怨天尤人，也不消沉沮丧，而是以“既来之，则安之”的心态，干一行，爱一行，把精力投入到所从事的新领域，从而开创出一番崭新的事业。

我们发现“把不幸也当作是一种机遇”这种积极的人生态度是做事成功的一大秘诀。

许多做事成功者不仅是开拓机遇、捕捉机遇的能手，而且还有发掘高潜能、高效运用机遇的能力，他们的成功启示，就是一定要提高机遇的利用率，把机遇发挥到最大效用。

有的人一生中有过许多好的机遇，但他们不懂得充分利用这些机遇，结果丧失了使自己的事业“更上一层楼”的机会。也有的人抓住了机遇，但是并未理解其全部内涵，因此他们有可能取得一定的成功，但仍不免留下诸多的遗憾。

的确，只有准备充分的人，才能得到机遇的青睐，将事情做成、做好。

2. 留点时间去正确思考

心理学家说，如果你每天花费一个小时，完全思考某一问题，五年后你会成为那个领域的专家。

懒惰平庸的人往往不是不动手脚，而是不动脑筋，这种坏习惯制约了他们摆脱困境的时机。而往往能做成大事的人却恰恰相反。

例如，如果你知道自己还有发展的空间，可以变得更好，你就要去寻求如何让自己人生发生建设性的改变。因此，你可以花费五年的时间，在这个漫长而艰辛的路上寻找答案，你应该相信，你一定可以找到答案。思考是最大的力量，你应该设法掌握这个过程，这样你就可以把握好自己的人生。

你的思考会受到正负两方面的力量的影响："正面"是创造性和建设性的因素；"负面"则是令人失望的和破坏性的因素。前者让你进步和改善，后者则让你放弃和受到伤害。为了更加了解积极和消极的习惯性思考模式所产生的不同作用，想想以下的情绪对于你和周围人们的生活产生哪些影响：喜悦、骄傲、爱、兴奋、热诚，接着比较恐惧、愤怒、罪恶、怨恨、嫉妒、绝望及恨的影响。前者对一个人具有创造性、建设性的影响，后者则相反。

每个人都可以选择积极或消极、建设性或破坏性地思考及行动。那么，怎么会有人选择消极呢？重点在于，没有人会故意选择消极思考。你可能让自己遵循习惯性的思考模式，不断重复。几乎所有人的思考都有习惯性，具有潜意识的层次。

英国的辞典编纂专家塞谬尔·约翰逊说：“习惯的锁链通常太小以至难以察觉，但它又太坚固而难以打破。”我们平时养成了太多负面的思考习惯，都受制于某些习惯性的思考模式而不自知。

当人们认识或开始意识到自己有不良的思考习惯时，他们为什么不改掉这些坏习惯呢？人们不改变自己的不良习惯，其原因是不愿意承担责任。他们可能会：

（1）缺乏改变习惯的愿望；

（2）缺乏训练，不知如何改变习惯；

（3）缺乏能够改变习惯的信念；

（4）缺乏需要改变习惯的意识。

这些都不利于我们改正不良的思考习惯。我们都有选择权，既可以对不良行为放任不管，让它自行消失，也可以正视它、克服它，从而更好地生活。

以下是那些不改变坏的思考习惯的人最常用的借口：

（1）我总是那样做的；

（2）我从来不那样做；

（3）那不是我的职责；

（4）我认为那样做不会有什么改变；

（5）我太忙了。

“亡羊补牢，未为晚矣”，现在开始改掉坏的思考习惯还不太晚。不管我们的年纪有多大，习惯有多久，只要有改正行为的意识和技巧，就能改变它。

一切习惯在刚刚形成的时候都是很不起眼的，但最终往往会变得难以打破。态度属于习惯，也是可以改变的，问题是要用新的良好习惯去破除和取代旧的不良习惯。

防止坏的思考习惯的形成比克服那些已形成的坏习惯要容易。要形成好的思考习惯就要战胜诱惑。快乐和不快乐都是一种习惯。优秀品质的形成是有意识地付出一次又一次努力的结果，需要经过大量的实践直到变成一种习惯。

任何一个有意义的构想和计划都是出自于思考，而且思考得越正确越深刻，收益就会越大。一个不善于思考的人，会遇到许多取舍不定的问题；相反，正确的思考则可以决定一个人应该采取什么样的做事态度和行动。

3. 把握随手可抓的机会

机会，在我们的周围到处都有。如果你想做成大事，就要在平时做个有心人。在你不断的积累、准备中，机会就会像一位不期而遇的幸运女神，降临在你的面前。这时，你要做的就是牢牢抓住她，千万别让她溜走。

成败仅一线之隔，不经意间我们就会跨过界线，被踢出局。其实往往我们就站在这条线上，而自己却浑然不知。成功的人之所以能每每抓住成功的机遇，完全是因为他们在生活中处处留心，当机遇来临的时候，他们能迅速做出反应，并把机遇牢牢地抓在自己的手中。

其实只要你仔细留心，身边的每一件小事当中都可能蕴藏着相当的机会。能做成事的人绝不会放过每一件小事，他们对什么事情都极其敏感，能够从许多平凡的生活事件中发现很多成功的机遇。

某天，日本索尼公司名誉董事长井深大到理发店去理发，他一边理发一边看电视，由于他对着镜子看，所以他看到的电视图像只能是反的。就在这时，他突然灵机一动，心想："如果能制造出反画面的电视机，那么即使理发时不也能从镜子里看到正常画面的电视节目了！"有了这些想法，他回到索尼公司之后就组织力量研制和生产了反画面的电视机，并把自己研制出来的电视机投放到市场上去销售。果然这种电视机受到了理发店、医院等许多特殊用户的普遍欢迎，因而取得了成功。这则事例给我们的启示就是功夫不负有心人，只要你能够处处留心，那么就有很多的机会在向你招手。

意大利人对足球的狂热是人所共知的，但意大利人对足球的狂热却在一定程度上冲击了餐饮业。因为每到国内足球联赛，特别是像世界杯这样的足球大赛到来的时候，成千上万的球迷都闭门不出，端坐在电视机前观看足球赛。所以，每到足球大赛到来的时候，众多的餐饮业主都为生意的萧条而一愁莫展。然而有一位餐饮业主开设的餐馆的生意却异常火爆。那么，这位老板有什么绝招呢？其实很简单。他不过只是在自己的餐馆的每个角落，包括走廊、卫生间都安装上了电视机，以保证每位前来光顾的客人在任何一个角落都能够看到精彩热闹的球赛。这位老板的成功，完全得益于他是一位生活当中的细心人。由于细心，他发现意大利人在球赛到来时不愿意到餐馆来的原因，并不是意大利人每到赛季就变得吝啬而不愿意花钱了，真正的原因是因为意大利人深深地爱着足球，如果让他们在美食和足球之间做出选择，他们会毫不犹豫地选择足球。因此要使顾客回到餐馆就得有一个两全其美的方法，鉴于此，他才想出了用电视服务招揽顾客的方式。这个事例的成功再次说明，只要你是生活中的有心人，幸运之神就一定会冲过来和你拥抱。

处处留心皆机遇，要做生活当中的有心人是因为机会往往来得都很突然或者很偶然。因此，只有留心、用心的人才有可能在机会来临的一瞬间捕捉到它。据说世界上的第一个防火警铃就是在一次实验中偶然发明的。第一个防火警铃的发明者杜妥·波尔索当时正在试验一个控制静电的电子仪器，忽然他注意到他身边的一个技师所抽的香烟把仪器的马表弄坏了。杜妥·波尔索的第一反应是非常懊恼，因为马表坏了必须中止实验，要重新再装上一个马表。但他很快地就想到，马表对香烟的反应可能是一个非常有价值的资讯。这个只是一瞬间发生的看似很不起眼的偶然事件，就促使杜妥·波尔索发明了第一个防火报警警铃，为世界防火领域做出了突破性的贡献。

其实，世界上有很多的发明创造都是来自这类突发的偶然事件。被称为“杂交水稻之父”的我国农业科学家袁隆平发明水稻杂交也是如此。袁隆平有一次在稻田里，无意之中发现了一株自然杂交的水稻。由此，他想到目前我们所认定的水稻不能杂交的结论可能是错误的。于是，他攻克了一个又一个难关，通过艰苦的科学研究，终于成功地培育出了杂交水稻，从而一举成为足以改变人类命运的世界级的科学家。

面对许许多多这样的成功事例，你也许会说，我整天都坐在果园里，苹果树上的苹果把我的头都砸烂了，为什么我就没有发明出一个什么定律？可能你还会说，我一年四季都不停地在稻田里转悠，我的脑子都快要被水稻装满了，我自己也快要变成水稻了，可我怎么就没有发现一株自然杂交的水稻？

的确如此，这就是你、我、他这些普通人和牛顿、袁隆平的区别。如果这世界上没有牛顿，我们人类则有可能到现在还不知道万有引力定律；如果这世界上没有袁隆平，那么人类也许将永远身陷水稻不能杂交的误区。所幸的是世界上出现了牛顿、袁隆平这样的世界级科学家，从而为我们人类拨开了一团又一团的蒙在科学上的迷雾，使我们人类得以看见许许多多的光明。

牛顿、袁隆平这些成功人士他们为什么就能捕捉到这些成功的机遇呢？他们与一般人有什么不同呢？

首先，要捕捉到成功的机遇需要一定的知识技能，这是必要的。但若以知识而论，牛顿的物理学知识，袁隆平对水稻的知识也许并不是最全面、最权威的，相信肯定有很多人在知识技能方面超过了他们。那么，他们到底凭什么能捕捉到这些成功的机遇呢？他们凭的就是他们那双能够发现机会的慧眼，他们捕捉机遇的法宝就是处处留心，所以机遇之神才会一次又一次地光顾他们。

处处留心皆机遇，机遇不是等来的，而是要用心去抓住的，如果你想成大事，就从现在开始，努力学会抓住机遇吧！

4. 切莫急躁，想好了再做

元代马致远《汉宫秋》第二折中唱："我养军千日，用军一时。空有满朝文武，哪一个与我退的番兵？"养兵是为了打仗、保家卫国或掠人土地和财富，因此需要做好诸方面的准备，否则胜败难料。

三思而后行。这句话要求我们做事如打仗，战前要深思熟虑，想好了再出征。

如果你是位领导，作决策就要懂得深思熟虑，集思广益，多听别人的意见或建议作为参考。而你所要扮演的角色，是建立一种激励创新的工作气氛，让你的下属在这种气氛里能勇于提出新构想。

（1）了解你的职权界限以便作决策工作。假如你不太确定的话，要去问你的上级领导，请他就你的权限范围做一番确认。例如你在公事上的各项支出，其金额在多少钱以内可以不需要单据？你有权给客户折扣，或是同意退费吗？假如有，最高的限度是多少？你可以聘用人员或辞退员工吗？类似这样的问题，都需要有一个明确的指示可以遵行。

（2）不要独断专行。碰到困难时，把各种可行的做法列一张表，然后向下属说明并共同商讨，由此训练他们的自我决策能力。

（3）在做决定前，要尽可能地收集各有关资料。决策的制定是根据事实而不是个人一时的情绪好恶。

（4）充分发挥下属的才干。不同的人有不同的才能，有些人擅长数字，有些人擅长文字，有些人则对史哲有天分。在作决策以前，要把自己下属的才能尽可能地派上用场。

（5）不要墨守成规。如果你认为公司的某些规定并不合理，可以在私下会谈时向上级领导提出质疑，让他知道不能因为“这是公司的政策”或是说“这些事情公司一直都以这种方式处理的”，而采取姑息态度，一个经营成功的公司不会把已经确立的各种制度，都当作是绝对的。创新的构想之所以会产生，往往是因为人们从不同的角度去思考问题的结果。

（6）如果你对上级所做的某项决定不满意，要冷静地与上级讨论这个问题。讨论之后若仍然不满意，那么有三种选择：一是接受这项决定并给予全力的支持；二是将这个问题通过投诉程序向更高层级反映；三是辞职。不要勉为其难地接受这个决定，然后又在下属面前大加批评。这样做，在上司和下属之间都会造成对你自己十分不利的影响。

（7）干着急并不能解决事情。把事情从头到尾理一遍，如果需要找别人帮忙时，不要难为情。

（8）当下属中有人向你提出诸如加薪、升职等特殊要求时，一定要权衡利弊，因为不同的员工待遇会引起下属的不满，并由此引发各种问题。

作为领导，在工作中类似的问题还有很多，具体问题需要具体分析，区别对待。但我们可以肯定的一点是，凡事都要三思而行，切莫急躁。

5. 抢一步不如慢半拍

就像行车时过红绿灯一样："宁停三分，不抢一秒。"因为抢一步有可能险象环生，而慢半拍则可以步步为营。所以，何妨让动作慢上半拍，让事情做得更完美一些。

职场人士常常是事情多，头绪多，有时恨不能多长两只手出来，但即使在这种情况下，也应该一步一步来，因为忙中贪快更容易出错。

比如，有相熟的朋友请你帮忙介绍职员，而偏巧公司里有一个适合的人选，这个介绍人你应不应该做呢？在复杂的办公室里，一切须小心行事。

你心目中的人选是谁呢？要是下属，首先你要有失去助手的心理准备，并不能让下属以为你不喜欢他，希望他离去。最好是先试探对方的意愿，如果下属也有意思，你的工作即到此为止，一切条件还是留待你的朋友与他直接商谈好了。

这人若是你的拍档呢？即使新职的发展确实适合他，你还是不要提出来，因为无论拍档另谋他职与否，对你与他之间的关系必有损无益。理由是，他大有可能以为你的好意是另有居心，大家各怀"鬼胎"，将来怎能合作？除非让你的朋友有机会结识拍档，由朋友直接找他商议，则另当别论。

要是此人是另一部门的同事，就比较好办，约他一起吃饭，告诉他有这么一个机会，如果他有意思，就让他俩自行相约商讨。

又比如，一位同事急急忙忙地跑来请你帮忙查看一些将要送出去的文件，但你正忙得不可开交，所以只敷衍地看了一下，并没有细心翻阅，而且你以为对方早已将错误改正，找你翻看只是多一重保险，所以一切没有放在心上。

可是这个同事并没有小心检视，结果被上司发现数个错处，文件要重做。这个同事遭上司责备，希望你向上司解释，错不全在他。那你该怎办呢？

不错，你的翻看确实马虎了点，但你不必承担所有责任，告诉对方："我当然要为这件事负一些责任，但要将文件检视清楚是你的责任，我对我所造成的麻烦感到抱歉。"

要是你真的向上司认错，只会变成在说同事的不是，因为没有参与事件的上司会怀疑，或者直接问：为什么他不自己翻阅呢？如此对你们两个人都有害无益。

再如，在偶然机会里，你获悉一个秘密——上司跟某同事勾结，利用职权套取公司的一些方便或好处。即使不是直接损害公司的利益，起码这对公司是不公平的，看在眼里，你一定有揭发他们的冲动。

但是，且慢，奉劝你作出义举前先详细分析情况。

你告发他们的目的是什么？要赶走他们？还是只收杀一儆百之效？无论如何，你必须权衡一下，一旦行动，后果怎样？

老板知道此事，必定不能容忍，肯定会辞掉这两个人，同时会更注意内部的各项制度，甚至立刻整顿人事。此举可能令你成为不受欢迎的人物，在公司里被孤立。

只要你认定付出这代价是值得的，大可按计划行动。

如果老板是默许那种事存在的，那么你去告发，等于枉作小人了，而且多数于事无补，到头来你还会被人瞧不起。在这样的情况下你只有两个选择，一是今后对这样的行为视而不见，二便是另谋他就，眼不见为净。

还有，你加入某公司只有一段很短时间，但发现一个怪现象：就是同事们为了博取“勤劳”的印象，都爱在下班后仍留在公司。即使没有工作可做，他们也宁可随便做些琐事，消磨时间。

看在眼里，你很不满意，认为这是虚伪的做法，浪费劳资双方的时间。但如果你特立独行，完成了任务就准时下班，这既是不合群的表现，又会令老板不满，很容易成为被排挤的对象。

这实在是很恼人的问题，你既不能公开说同事此举是“多余”，但更不想自己白白给比了下去，被认定为不够勤劳。你大感进退维谷。

又如果你想向老板晓以大义，那更是愚不可及，因为所有老板必然喜欢员工无条件超时工作的，哪管事实是无此必要。若摆出事实，只会不受欢迎。

不要急于采取任何一个行动，那样的结果只能更加糟糕并让你的处境更加艰难。

不妨考虑以下的做法：告诉上司，你下班后要上进修课程，所以必须准时下班，这样对任何人也没伤害，你自己也可以名正言顺地离去。

作为职场人士，需要获得领导赞许，还要赢得同事们的好评，的确是件不容易的事。最重要的是，要让行动慢上半拍，考虑成熟再去做。

6. 做事要有条理和秩序

没有条理，做事没有秩序的人，无论做哪一种事业都没有功效可言。而有条理、有秩序的人即使才能平庸，他的事业也往往会有相当的成就。

曾有一位老师给他的学生做了这么一个试验：

他拿出了一个400毫升的广口瓶放在桌上。随后，他取出一堆拳头大小的石块，把它们一块块地放进瓶子里，直到石块高出瓶口再也放不下为止。他问："瓶子满了吗？"

所有的学生答道："满了。"

他反问："真的？"说着他从桌下取出一桶砾石，倒了一些进去，并敲击玻璃壁使砾石填满石块间的间隙。

"现在瓶子满了吗？"

这一次学生们有些明白了，"可能还没有。"一位学生低声应道。

"很好！"

他伸手从桌下又拿出一桶沙子，把它慢慢倒进玻璃瓶。沙子填满了石块的所有间隙。他又一次问学生们："瓶子满了吗？"

"没满！"学生们大声说。

然后专家拿过一壶水倒进玻璃瓶，直到水面与瓶口平齐。他望着学生们，问道："这个例子说明了什么？"

一个学生举手发言："它告诉我们：无论你的时间表多么紧凑，如果你真的再加把劲，你还可以干更多的事！”

“不，那还不是它真正的寓意所在。”专家说，“这个例子告诉我们，如果你不先把大石块放进瓶子里，那么你就再也无法把它们放进去了。”

这个故事在我们的生活中处处可以体现：一个人在工作中常常会被各种琐事、杂事所纠缠，有不少人由于没有掌握高效能的工作方法，而被这些事弄得筋疲力尽，心烦意乱，总是不能静下心来做最该做的事；或者是被那些看似急迫的事所蒙蔽，根本就不知道哪些是最应该做的事，结果白白浪费了许多精力和大好时光。

就像我们工作中遇到的事情一样，在这些事情中有的非常重要，有的却可做可不做。如分不清事情的轻重缓急，把精力分散在微不足道的事情上，那么重要的工作就很难完成。

在一系列以实现目标为依据的待办事项之中，到底哪些事项应先着手处理？哪些事项应延后处理，甚至不予处理呢？

对于这个问题，麦肯锡公司给出的答案是：应按事情的“重要程度”编排行事的优先次序。所谓“重要程度”，即指对实现目标的贡献大小。对实现目标越有贡献的事情越重要，它们越应获得优先处理；对实现目标越无意义的事情越不重要，它们愈应延后处理。简单地说，就是根据“我现在做的，是否使我更接近目标”这一原则来判断事情的轻重缓急。

在麦肯锡，每个员工都养成了“依据事物的重要程度来行事”的思维习惯和工作方法。在开始每一项工作之前，他们总是习惯于先弄清楚哪些是重要的事，哪些是次要的事，哪些是无足轻重的，而不管它们紧急与否。每一项工作都如此，每一天的工作都如此，甚至一年或更长时间的工作计划也是如此。人们习惯地按照事情的“缓急程度”决定行事的优先次序，而不是首先衡量事情的“重要程度”。按照这种思维，他们经常把每日待处理的事区分为如下的三个层次：

——今天“必须”做的事（即最为紧迫的事）。

——今天“应该”做的事（即有点紧迫的事）。

——今天“可以”做的事（即最不紧迫的事）。

但遗憾的是，在多数情况下，愈是重要的事偏偏愈不紧迫。比如向上级提出改进营运方式的建议，长远目标的规划，甚至个人的身体检查等，往往因其不紧迫而被那些“必须”做的事（诸如不停的电话、需要马上完成的报表）无限期地延迟了。所以，在麦肯锡公司，新来的员工被告知的第一个法宝就是：做要事，而不是做急事。这也是麦肯锡卓越工作方法的精髓之一。

有一个广泛流传的管理故事，说的是一群伐木工人走进一片树林，开始清除矮灌木。当他们费尽千辛万苦，好不容易清除完一片灌木林，直起腰来准备享受一下完成了一项艰苦工作后的乐趣时，却猛然发现，不是这片树林，而旁边那片树林才是需要他们去清除的！有多少人在工作中，就如同这些砍伐矮灌木的工人，常常只是埋头砍伐矮灌木，甚至没有意识到要砍的并非是自己需要砍伐的那片树林。

这种看似忙忙碌碌、最后却发现自己背道而驰的情况是非常令人沮丧的，这也是许多效率低下，不懂得卓越工作方法的人最容易犯的错误，他们往往把大量的时间和精力浪费在了一些无用的事情上。

任何行动一定要有目标，并有达到目标的计划。早上开始工作时，如果并不知道当天有什么样的工作要去做，就很容易像上面的伐木工人一样，把时间浪费在不该做的事情上。没有目标，就不可能有切实的行动，更不可能获得实际的结果。有目标才能减少干扰，把自己的精力放在最重要的事情上。优秀员工每天进办公室的第一件事，就应该是计划好当天的工作。

对于大部分员工来说，制定计划的周期可定为一个月，但应将工作计划分解为周计划与日计划。每个工作日结束的前半个小时，先盘点一下当天计划的完成情况，并整理一下第二天计划内容的工作思路与方法。

必须注意的是，在制定日工作计划的时候，必须考虑计划的弹性。不能将计划制定在能力所能达到的100%，而应该制定在能力所能达到的80%。这是由商业的工作性质决定的，因为，每个员工每天都会遇到一些意想不到的情况，以及上级交办的临时任务。

如果你每天的计划都是100%，那么，在你没有完成任务时，就必然会在第二天挤占你已经制定好的工作计划，原计划就不得不延期了，因为当天完不成的工作将不得不延迟到下一天完成。这样必将影响下一天乃至当月的整个工作计划，从而陷入明日复明日的被动局面。

每个人的能力有限，无法超越某些限度，如果能对准备工作尽量做到慎重而行，至少可以将能力做最大的发挥。当今世界是有头脑人的世界，惟有那些做事有秩序有条理的人才能成功。反之，成功永远都会和与其擦肩而过。

7. 不是缺少机会，而是缺少发现机会的头脑

有位学者曾言："生活中不是缺少美，而是缺少发现美的眼睛。"同样，工作中、事业上也是如此，不是缺少机会，而是缺少发现机会的头脑。

生活和工作中到处充满着机会：学校中的每一堂课都是一次机会；每次考试都是一次机会；每个患者都是机会；报纸上的每一篇文章都是一个机会；每个客户都是一个机会；每次训诫都是一个机会；每笔生意都是一个机会……这些机会提高素质、培养品德、带来财富、制造朋友。

脚踏实地的劳动者在平凡的工作中创造着机会，抓住了机会，实现了自己的梦想；而那些眼高手低成天满脑子幻想却游手好闲的人，在等待机会的焦虑中，虚度了自己宝贵的人生。

约翰·格兰特在一家五金商店工作，每周只能赚2美元。他刚一进商店时，老板就对他说："你必须对这个生意的所有细节熟门熟路，这样你才能成为一个对我们有用的人。"

"一周2美元的工作，还值得认真去做？！"与格兰特一同进公司的年轻同事不屑地说。

然而，这个简单的不能再简单的工作，格兰特却做的十分用心。

经过连续近一个月的仔细观察，年轻的格兰特注意到，老板每次都要认真检查那些进口商品的账单。因为那些账单使用的都是法文和德文书写，所以，格兰特为了能看懂弄清它们，开始学习法文和德文。一天，老

板在检查账单时突然觉得特别劳累和厌倦，这时，站在一旁的格兰特主动要求帮助老板检查账单。由于他干得实在是太出色了，以后的账单自然而然就由格兰特接管了。

一个月后的一天，格兰特被叫到了老板办公室。老板对他说："格兰特，公司打算让你来主管外贸。这是一个相当重要的职位，我们需要能胜任的人来主持这项工作。目前，公司有20名与你年龄相仿的年轻人，但是却只有你看到了这个机会，并凭你自己的努力，用实力抓住了它。我在这一行已经干了40年，你是我亲眼见过的3位能从工作琐事中发现机遇并紧紧抓住它的年轻人之一。其他2个人，现在都已经拥有了自己的公司，并且小有建树。"

之后，格兰特的薪水很快就涨到每周10美元。一年后，他的薪水达到每周180美元，并经常被公司派驻法国、德国。老板在评价他时说："约翰·格兰特很有可能在30岁之前成为我们公司的股东。他已经从平凡的外贸主管的工作中看到了这个机遇，并尽量使自己有能力抓住这个机遇，虽然做出了一些牺牲，但这是值得的。"

能够从日复一日的工作中发现机遇是非常难得和重要的，尽管机遇所带来的近期回报可能很少，甚至微不足道，但是，我们不能把眼光局限在自己目前得到了什么，而应当看到"我们能够得到这个机遇"本身的价值和我们拥有这个机遇，以后能得到什么。现在几乎所有的年轻人都不会像格兰特那样愿意接受每周2美元的工作，因为他们觉得自己的付出远远大于所得到的这区区2美元。但事实上，正是这份每周2美元的工作为格兰特每周180美元的工作奠定了基础，并为格兰特最终成为公司最年轻的股东奠定了基础。

就像人们往往对亲人日复一日的关心熟视无睹一样，人们也往往看不出平日不断重复的工作琐事中有什么值得挖掘的机会。初入社会的年轻人很容易将机会与运气混为一谈，其实，机会与运气是完全不同的两个概念。运气，不需要做任何准备，只要碰上了，不费吹灰之力便能够财运亨通或直上青云。就像中奖中彩票一样，运气具有非常大的偶然性，任何人都不能拿自己的一生去赌。而机会，则常常因为把自己打扮成挑战或挫折而不易被发现，只有那些在平凡工作中善于用心并敢于接受挑战的人，才能发现并抓住机会。

生活中总是有那么一部分人整日哀叹命运的不公，他们抱怨为什么好的机会偏偏与自己无缘，他们困惑于别人升迁了数次，而自己却原地踏步，他们总是哀叹自己为什么一直失败。但他们却没有发现机会的擦肩而过是因为他们自己：永远最晚进办公室，永远最早离开办公室；不愿出差、不愿加班、投机取巧，怕受一丁点苦、一丁点委屈。如果这些人能试着去改变一些对自己不利的条件，同时，努力克服一些障碍，将挑战变成一个通往成功的机会大门，那结果也许就大大不一样了。

成功者不需要编织任何借口，因为他们能为自己的行为和目标负责，也能享受自己努力的成果。缺少机会，则往往是不愿意付出努力的人用来原谅自己的借口。

在极其平凡的职业中，在极其低微的岗位上，也时常蕴藏着巨大的机会。只要调动自己全部的智力和精力，全力以赴；只要勤勤恳恳地把自己的工作做得尽善尽美，不仅能发现机遇，也许成功的大门会主动向你敞开。

8. 准备与风险的反比例关系

多一份准备，就少一份风险。准备与风险永远都是成反比例关系。要想在职场上扎稳脚跟，要想在商场上稳操胜券，就去多做些准备吧！

在一望无际的大草原上，一匹狼吃饱了，安逸地躺在草地上睡觉，另一匹狼气喘吁吁地从它身边经过，焦急地说："你怎么还躺着，难道你没听说，狮子要搬到咱们这里来了，还不赶快去看看有没有别的地方适合咱们居住。"

"狮子是我们的朋友，有什么可怕的？再说这里的羚羊这么多，狮子根本吃不完，不要白费力气了。"躺着的狼若无其事地说。那匹狼看自己的劝说没有效果，只好摇摇头走了。

后来，狮子真的来了，只来了一只，但由于狮子的到来，整个草原上羚羊的奔跑速度变得快极了，这匹狼再也不像从前那样轻而易举就能获得食物了。当它再想搬到别处去时，却发现食物充足的地方早已经被其他动物捷足先登了。

这个故事告诉我们，危险无处不在，惟有踏踏实实地做好准备，才是真正的生存之道。否则，当你醒悟过来的时候，危险早已经降临到你的头上了。

也许有人会说，有些事情是我们个人的力量所无法控制的，对于这些事情，做再多的准备也没有用。我想提醒有这种想法的人，虽然你无法控制危险的发生，但可以凭借充分的准备来减少甚至避免危险所造成的损失。

在古老的地球上，生活着种类繁多的爬行动物，有恐龙，也有蜥蜴。一天，蜥蜴对恐龙说："我发现天上有颗星星越来越大，很有可能要撞到我们。"恐龙却不以为然，对蜥蜴说："该来的终究会来，难道你认为凭咱们的力量可以把这颗星星推开吗？"

灾难终于发生了。一天，那颗越来越大的行星瞬间陨落到地球上，引起了强烈的地震和火山喷发，恐龙们四处奔逃，但最终很快在灾难中死去。而那些蜥蜴，则钻进了自己早已挖掘好的洞穴里，躲过了灾难。

看来蜥蜴还是比较聪明的，它知道虽然自己没有力量阻止灾难的发生，但却有力量去挖洞来给自己准备一个避难所。

面对大的动荡或变革，人们的心态无非就是两种，一种是恐龙，一种是蜥蜴，但能够站在胜利彼岸的总是早有准备的蜥蜴。

社会的发展、科技的更新使我们的工作和生活处在一种急速变革的时代，这种趋势是无法改变和逃避的。在这种情况下，如果你像恐龙一样不去做准备的话，被淘汰的命运就会降临到你的身上。就像下面要说的这个工人一样。

在某个钟表厂，有一位工作非常卖力的工人，他的任务就是在生产线上给手表装配零件。这件事他一干就是10年，操作非常熟练，而且很少出差错，几乎每年的优秀员工奖都属于他。

可是后来，企业新上了一套完全由电脑操作的自动化生产线，许多工作都改由机器来完成，结果他失去了工作。原来，他本来文化水平就不高，在这10年中又没有掌握其他技术，对于电脑更是一窍不通，一下子，他从优秀员工变成了多余的人。

在他离开工厂的时候，厂长先是对他多年的工作态度赞扬了一番，然后诚恳地对他说："其实引进新设备的计划我在几年前就告诉你们了，目的就是想让你们有个思想准备，去学习一下新技术和新设备的操作方法。你看和你干同样工作的小胡不仅自学了电脑，还找来了新设备的说明书进行研究，现在他已经是车间主任了。我并不是没有给你准备的时间和机会，但你都放弃了。”

新设备、新技术、新方法能帮助企业提高10倍速度的工作效率，这种更新换代是谁也阻止不了的。但你有没有考虑过给自己的工作能力也进行更新，从而为这种变化做好准备呢？要有意识地多做准备，在工作中逐步提高自己的能力，而且这种提高的速度比环境淘汰你的速度更快。

要想让被消灭或淘汰的风险远离自己身边，惟一的办法就是多做些准备。

在任何一家企业和工厂，都有一些常规性的调整过程。公司负责人经常送走那些无法对公司有所贡献的员工，同时也吸纳新的成员。无论业务如何繁忙，这种整顿一直在进行着。那些已经无法胜任工作、缺乏才干的人，都被摒弃在企业的大门之外，只有那些最能干的人，才会被留下来。

这种被淘汰的风险，是我们每一个人都非常关注也都感到非常困惑的问题。应对这种风险最基本的方法就是提前做准备，准备工作多做一分，相应的风险就会减少一分。这就要求我们无论对待任何事情都必须具有“万一……怎么办”的意识，做到凡事都未雨绸缪、预做准备，从而减少风险发生的几率。与之相对应的是，你所做的准备越少，承受的危险就会越大。这个道理在自然界早已得到了很好的印证。

9. 准备与否造成差距

人与人之间的差距是怎样造成的呢？再大一点，家庭与家庭之间的差距是怎样造成的呢？更深入一些，企业与企业之间的巨大差距又是怎样造成的呢？抛去一切附加的原因和条件，准备与否是最关键的原因之一。

正是因为在准备的重要性上认识的不同，才造成了现在企业之间巨大的差距。

在这里，我们可以看一看诺基亚公司和爱立信公司在对待同一突发情况所表现出的截然不同的举措，以及有无准备在两个大公司中产生的巨大的不同结果。

2000年3月17日晚上8时，一场暴风雨导致飞利浦设在美国新墨西哥州的芯片厂发生大火。虽然这场大火在10分钟之后就被扑灭，但火灾造成的损失却对远在万里之外的两个世界上最大的移动电话生产商诺基亚和爱立信造成了巨大的影响。原因在于：这两个世界移动电话的巨头生产手机所需要的很大一部分芯片是由飞利浦这家工厂提供的，该工厂生产的40%的芯片由诺基亚和爱立信订购。

很快，诺基亚与爱立信都知道了飞利浦工厂火灾的消息。面对这两个大客户，飞利浦的管理层表示，生产线将会在1周之内恢复，并且优先供应这两大移动电话商。

面对飞利浦失火的消息，诺基亚与爱立信的反应大相径庭。诺基亚立即派人奔赴飞利浦的芯片厂，监督有关善后事宜。在与飞利浦高层的数次会谈中，诺基亚高层表现出强硬、积极的态度，要求飞利浦把各工厂的生产计划全部拿出来，尽一切努力寻找可以挖掘的潜力，飞利浦随即安排位于上海和荷兰的工厂为诺基亚生产1000万个Asic芯片。

在大火发生以后的2周之内，诺基亚还动员了30多名欧洲、亚洲和美国各地的经理与工程师一起讨论解决方案，重新设计了芯片，使得日本和美国的其他工厂也能制造。他们找到日本和美国的其他供应商承担生产几百万个芯片的任务，从接单到投入生产仅仅用了5天的准备时间。

与诺基亚相反的是，爱立信在得知火灾的消息之后，管理层并没有引起足够的重视，似乎没有人认为这场火灾有什么了不起。与飞利浦最初预想不同的是，到了3月底，芯片厂仍无法正常运作，恢复正常生产恐怕还要拖上好几周的时间。直到4月初，爱立信才发现此事非同小可，但却已束手无策。因为早在20世纪90年代中期，爱立信为了节省成本，简化了自己的供应链，基本上排除了后备供应商，没有其他替代供应商可以紧急补充货源。在市场需求最旺盛的时候，由于短缺数百万个芯片，爱立信所投产的一种非常重要的新型手机无法推出。

由于对危机反应迅速，诺基亚的原料供应及时，手机生产基本上没有受到太大的影响。但爱立信却因芯片短缺而遭遇重创。虽然在飞利浦火灾事件后，爱立信改弦易辙，重新与其他供应商签订了生产合约，但由于反应迟缓而流失的4亿美元的收入却再也无法挽回。再加上营销和其他管理方面的问题，2000年爱立信手机部门总共亏损16.8亿美元。诺基亚从爱立信的手中抢夺了3%的全球手机市场份额，从一年前的27%扩大到了30%，爱立信则从12%下降到9%。2001年1月26日，爱立信宣布退出手机市场，这无疑是将制造手机的丰厚利润拱手让人。

事后，诺基亚负责零部件供应的执行副总裁贝提·科贺纳（Pertti Korhonen）曾对此次危机评价说：“危机是你改进的机遇！”爱立信的高层也不得不承认："我们发现问题太迟了！我们根本没有所谓的危机处理方案。"

我们从此事中可以看到，诺基亚公司在供应危机中依靠准备占据了主动权，使飞利浦公司在火灾恢复后优先保证了诺基亚的芯片供应，而且因为有其他供应商提供芯片，诺基亚公司受飞利浦公司火灾的影响明显要比爱立信公司小得多。对于爱立信公司来说，对危机准备的漠视使他们品尝了自己所酿的苦果。

通过对这两家国外企业的对比，大家应该都能感觉到差距来自准备，准备决定差距，越来越多企业的遭遇都证明了这一点。

与国外的企业相比，国内的两大巨头联想和TCL的差距就更加明显了。当联想集团已经在国际化的道路上大步前进的时候，TCL公司却被绊倒在自己编织的国际化、多元化的陷阱中了。

"TCL看见别人生产的计算机赚钱，就做计算机；看见别人的手机赚钱，就做手机；看见别人的便携式计算机赚钱，就做便携式计算机；最近又想上马咨询业，而不是想方设法地把现有的事情做精做好。更令人叹息的是，TCL背投电视机、计算机等51%的产业亏损……"2004年网上关于TCL点击率最高的帖子，应该就是TCL员工自曝家丑的这篇文章，TCL似乎背运当头。2005年4月底，是TCL对外公布上年业绩的例行时间，然而面对前三个季度分别亏损1.9亿和0.7亿的汤姆逊和TCL阿尔卡特两个公司来说，重点打造的"走向世界化合资项目"不但完成不了预期的目标，还在亏损中不断消耗原来的家底。

对于一个口口声声以世界500强为目标的企业来说，TCL和联想之间的差距已经越来越大了。不过，现在原因已经找到，TCL总裁李东生在"企业家理论与企业成长国际研讨会"上曾总结TCL所犯的几个错误，其中他认为最根本、最重要的一条就是：多元化准备不足，战线拉得过长，真正形成有竞争力的行业不多。同样，他们在企业国际化的过程中也犯了相同的错误，李东生总结了TCL在国际化中五个方面的准备不足：一是综合规模实力准备不足；二是研发能力准备不足；三是国际经营管理经验准备不足；四是营销能力准备不足；五是企业体制准备不足。

TCL公司在存在这么多准备不足的情况下贸然走上了国际化的道路，所得到的自然与联想集团“谋定而后动”的结果是不可同日而语的。虽然它进军国际市场要早得多，但现在却远远落在了联想集团的后面。

找到了病因所在，那么就需要对症下药：重视准备，一切从准备做起。这才是能帮助我们快速安全前进的最有效的方法。

10. 一切失败的根源：准备不足

或许你没有过人的天分，或许你没有显赫的家族，或许你没有丰厚的资金，也或许你没有坚定的支持者。但这些都不会将你打败，只要你付出十二分的努力做好一切准备。反过来讲，一切失败的根源也就在于：准备不足。

没有人愿意面对失败。当技术人员发现自己辛辛苦苦开发的软件被证明是漏洞百出时，当销售人员费尽唇舌依然没有签到合同时，当一个管理者发现自己的团队是一盘散沙时，那种沮丧、失落的心情确实令人难过。也许他们可以用无数个理由来为自己开脱，什么运气不好、一时疏忽、配合不力等等。但事实告诉我们，隐藏在这些失败背后的真正原因就是：准备不足。

在吸引了几乎全世界人眼球的拳坛世纪之战中，当时正如日中天的泰森根本没有把已年近40岁的霍利菲尔德放在眼里，自负地认为可以毫不费力地击败对手。同时，几乎所有的媒体也都认为泰森将是最后的胜利者。美国博彩公司开出的是22赔1泰森胜的悬殊赔率，人们也都将大把的赌注押在了泰森身上。

在这种情况下，认为已经稳操胜券的泰森对赛前的准备工作——观看对手的录像，预测可能出现的情况及应对措施，充足的睡眠和科学的饮食等都敷衍了事。

但是，比赛开始后，泰森惊讶地发现，自己竟然找不到对手的破绽，而对方的攻击却往往能突破自己的漏洞。于是，气急败坏的泰森做出了一个令全世界人都感到震惊的举动：一口咬掉了霍利菲尔德的一块耳朵！

世纪大战的最后结局是：泰森成了一位可耻的输家，还被美国内华达州体育委员会罚款600万美元。

泰森输在傲慢轻敌，准备不足，当霍利菲尔德认真研究比赛录像，分析泰森的技术特点和漏洞时，泰森却将教练准备的资料扔在了一边；当对手在比赛前拼命热身，提前进入搏击状态时，他却在和朋友一起狂欢。虽然泰森的实力确实比对手高出一筹，在年龄上也占尽了优势，但他最终一败涂地。

霍利菲尔德的成功和泰森的失败皆因准备。准备越充足，胜算越大，准备越仓促，失败的几率就越大。

当然，在这种一战定胜负的比赛中，偶然性确实占了很大的比重。这个时候，比的并不是谁的实力最强，而是谁犯的错误最少。只有真正的重视准备，扎实地把准备工作都做到位，才能从根本上保证不犯或少犯错误。

足球教练莫里尼奥也清楚地看到了准备的重要性。在他担任葡萄牙波尔图球队主教练，率领球队征战欧洲冠军联赛时，几乎没有人相信他们能杀入决赛，更别提夺取冠军了。但结果却使所有人都大跌眼镜，这个从队员到主教练都默默无名的俱乐部，竟然得到了欧洲足球的最高荣誉。

确实，波尔图的队员们和皇马、米兰等大牌球队的球星相比，无论从名气上还是实力上都相差悬殊；当时的莫里尼奥和里皮、弗格森相比也不可同日而语。但莫里尼奥却有一个秘密武器：对准备工作超乎寻常的重视。他几乎观看了所有对手最近的每一场比赛。可以说，所有对手的技术特点、战术风格、最近的状态……他都了如指掌。甚至对比赛当天的天气、场地草皮的状况，他都进行了详细的了解并制定了相应的对策。结果在决赛当天，他使用的队员、阵型、战术打法都直指对方的软肋，就像他夺冠后所说的那样："如果大家知道我们为了取得胜利而研究了多少场比赛，准备了多少资料，筹划了多少方案，你们就会认为这个冠军我们当之无愧。"

当时，有许多的人都认为莫里尼奥的成功是取决于运气好，再加上那些大牌球队在对战无名球队时缺少重视和兴奋感，才让他捡到了一个冠军的便宜。其实，说这些话的人，都太不负责了，莫里尼奥的胜利是必然的，因为他的准备工作比任何人都充分，正是因为对准备超乎寻常的重视，才使他站到了欧洲足球之巅。

功成名就的莫里尼奥在夺冠的第二年来到了英超球队切尔西，这里汇集了很多世界级的大牌球员。当莫里尼奥和这些队员们第一次见面的时候，他所做的第一件事是打开随身携带的笔记本电脑，开始如数家珍地介绍这些球员：从技术风格、进球数、身高体重甚至详细到哪些球是左脚打进的，哪些球是右脚打进的都了如指掌。莫里尼奥的举动瞬间就震住了这些所谓的顶级球星。不过，这只是开始，他们更没有想到的是，主教练这种近乎完美的准备工作会使他们在后面的比赛中取得一个又一个的胜利。

是的，在莫里尼奥的带领下，切尔西队不管是在国内联赛、杯赛还是在欧洲冠军联赛，都取得了一连串的胜利。莫里尼奥出名了，但他在赢得别人尊重的同时，又被许多对手厌恶和排挤。喜欢他的人称他为"上帝第二"，讨厌他的人却称呼他为"魔鬼"。

一个又一个让人始料不及的成功，使莫里尼奥成为了"现象"。

现在，不管是欣赏莫里尼奥还是厌恶莫里尼奥的人，都开始研究他。他们总结了很多条，比如，善于用人、阵型选择合理、准备充足等等。

我们大家几乎每天都生活在准备之中，所以，反而对它的重要性视而不见。提起准备，也许有人会说："准备没有什么了不起。"但就是这不起眼的准备，却能造就神奇的成功，反之也能造成痛苦的失败。

就像莫里尼奥所说的："当准备的习惯成为你身体的一部分，它就会永远在那里，并帮助你取得令人惊讶的胜利。”英格兰国脚兰帕德这样评价莫里尼奥：“我从未遇到过像他这样的人，对工作、对胜利是如此渴望，对准备工作又是如此的痴迷。”

没错，准备使莫里尼奥成为“魔鬼”，也正是准备使他成为“上帝第二”，当然，还使他成了当今世界最高薪的足球教练之一。

我们做任何事情都是如此，最终决定成败的因素并不是能力、运气、环境……而是平平常常的两个字——“准备”！

所以，我们应该在自己的字典里补充上这样一条重要的概念：失败源自准备不足。

在体育比赛中准备不足会使你输掉比赛，而员工在工作中如果准备不足却会使企业蒙受几十万、几百万甚至上千万元的损失。

我们以宝洁公司生产的婴儿纸尿布为例，它的销售市场遍及世界各地，在德国和中国香港市场都一度非常畅销。

但好景不长，不久，德国的销售点向总公司汇报：德国的消费者反映，宝洁公司的尿布太薄了，吸水性能不足。而中国香港的销售点却向总公司汇报：香港的消费者反映，宝洁公司的尿布太厚了，简直就是浪费。

总公司感到非常奇怪：为什么同样的尿布，会同时出现太薄又太厚两种情况呢？这让公司的管理人员有点摸不着头脑。

其实，这是宝洁公司的产品开发人员在设计产品时缺乏应有的准备，对产品销售的不同市场没有经过细致的调研和考察所造成的。

总公司通过详细的调查后发现，同时反映太薄又太厚的原因，是德国和中国香港的母亲使用婴儿尿布的不同习惯所致。虽然中西方婴儿一天的平均尿量大体相同，但德国人凡事讲究制度化，完全按照规矩行事，德国的母亲也是如此，早上起来的时候给孩子换一块尿布，然后就这么一整天都不去管他，一直到了晚上才会再去换一次。于是，宝洁公司的尿布相对于这样的情况明显就显得太薄了。可是香港的母亲却是把婴儿的舒适当作头等大事，孩子只要尿布湿了就会换上一块新的尿布，一天不知道要换多少次，所以宝洁公司的尿布在这里就显得太厚了。

宝洁公司的产品开发人员显然并没有考虑到产品市场中不同国家之间的文化差异，在设计新产品的时候没有做好相应的准备工作，结果弄得怨声载道，并使宝洁公司蒙受了不少的经济损失。

产品开发人员只不过对在不同地域使用尿布的习惯上忽视了调研，等待他们的就是无情的市场风险。曾经省下的调研成本，现在却要付出十倍、百倍甚至千倍的代价。

说了这么多，相信读者也应该对准备的重要性有了一个深刻的认识，不打无准备的仗，不做无准备的事，诸葛亮草船借箭，也是得等万事俱备以后才能借东风，准备的重要性，可见一斑。

第三章　取巧但不能贪急，心急吃不了热豆腐

做事不能不取巧，不取巧就像赶路不看路，只顾埋头走。也许走的是宽宽大道，实际上却绕了许多弯子，这时只要抬一抬头，可能就会发现不远处虽险却近的羊肠小道。但取巧却不能贪急，要先看清小路能否直通山顶再前行，否则就可能半途折返，劳民伤财。

1. 快准狠，抢得先机

凡事第一个去做的人是天才，第二个去做的人是庸才，第三个去做的人是蠢才。

中国有句俗话叫："宁做鸡头，不做凤尾。"是去照本宣科地跟在别人后面只为安全而既吃不饱也饿不死，还是另辟蹊径，敢为天下先，虽冒风险，却有机会成为领军人物？答案是只有后者才能成为真正的成功者！这个道理相信几乎所有人都懂，但是事实上，大多数人仍是这样：即使挤破头也改不了一窝蜂的本性。

从竞争这个意义上讲，商业、企业竞争与战争有着许多共同特点，比如，都需要占领制高点。任何企业竞争，最终表现为产品和市场的竞争。选准最新产品或冷门产品，人无我有，人有我优，人优我专，抢先营销，独占鳌头。使自己一直能够处于无对手之绝对优势地位。

日本索尼公司创始人井深大和盛田昭夫，在创业初就将公司定位于"率领时代新潮流"。一次偶然机会，井深大在日本广播公司看见一台美国造录音机，他便抢先买下了专利权，很快生产出日本第一台录音机。1952年，美国研制成功"晶体管"，井深大立即飞往美国进一步考察，果断地买下这项专利，回国数周后便生产出公司第一支晶体管，销路大畅。井深大并未就此满足，当其他厂家也转向生产晶体管时，索尼又成功地生产出世界上第一批"袖珍晶体管收音机"。索尼的新产品总是以迅雷不及掩耳之势独占市场制高点，将对手们都远远抛在了后面。

美国的亨利·弗斯特，原是普通兽医。当他失业在家，穷困潦倒之际，却偶然获得了科学家经常为实验用的老鼠带有细菌而大伤脑筋的信息，他立即培养无菌鼠，顿获巨利。他的成功，也是另辟蹊径的结果，正如他自己所说："我只是干了别人没有想到要干的事，而这又是社会所缺。"

1974年，以生产安全刀片而著称于世的美国吉列公司作出了一个让世人都觉得"荒唐"的举动——推出面向女性的雏菊牌专用"刮毛刀"，结果一炮打响，畅销全美国。销售额已达20亿美元的吉列公司又发了一笔横财。是偶然，是巧合，还是瞎猫碰上了死老鼠？统统不是。吉列公司雏菊牌刮毛刀的成功完全是建立在精心周密的市场调查基础之上的标新立异。1973年，吉列公司在市场调查中发现，美国8360万30岁以上的妇女中，大约有6490万人为了保持自身美好的形象，要定期刮除腿毛和腋毛，这与她们的衣着趋向于较多的"暴露"不无关系。调查者还得到这样的统计数据，即在这些妇女中，除约有4000多万人使用电动刮胡刀和脱毛剂外，有2000多万人主要是通过购买各种男用刮胡刀来美化自身形象，一年的费用高达7500万美元。这是笔很大的开销，丝毫不亚于女性在其他化妆品上的支出。例如，美国妇女花在眉笔和眼影上的钱仅有6300万美元，染发剂5900万美元，染眉剂5500万美元。不言而喻，这些费用与刮胡刀的费用相比简直是小巫见大巫。无疑，这是一个极富诱惑力的潜在市场，谁能抢先发现它，开发它，谁将捧得满盎金。

根据市场调查的结果，吉列公司在雏菊牌刮毛刀的设计和广告宣传上也非常注重女性的特点。例如，刀架不采用男用刮胡刀通常使用的黑色和白色，而是选取色彩绚烂的彩色塑料以增强美感，把柄上还印压了一朵雏菊图形，更是增添了几分情趣。把柄由直线型改为弧型，以利于女性使用并显示出女性刮毛刀的特点。广告宣传上则是着力强调安全，不伤玉腿。

这也是在调查中广泛征求女性意见后而作出的决策，一言蔽之，吉列公司决定生产女性刮毛刀绝非冲动用事，也并非一厢情愿，它是在调查基础上标新立异并满足了女性既要美观又要实用的心理需求。所以，吉列公司一举抢占了女性剃须刀这一片处女地。

在国内市场上红遍大江南北的太太口服液是深圳太太药业有限公司的主要产品。1992年12月18日该公司成立，次年3月8日，首批太太口服液在广东上市，这是我国第一个女性口服美容保健品。之后的短短5年间，太太口服液从一个地区性新产品发展到今天销售遍及中国超过二百个城市的全国性品牌，还出口至港澳、东南亚、日本、韩国等地区，从上市时的年营业额7000多万，跃升至今天的年销量近5亿元人民币，成为中国美容保健口服液市场中的佼佼者。

太太口服液最初是采自内地一间著名中医院验方，由中国医学院中医研究院监制。现代女性的生活节奏日趋加快，工作和家庭更需付出双重操劳。长期的紧张生活会造成身体内分泌失调等症，黄褐斑增生并伴有失眠、腰酸、月经不调、痛经等反应，太太口服液采用了三种名贵中药精制而成，含天然PLA，其原理是从调理女性内分泌入手，滋补肝肾，行气活血通络，令肌肤柔美润泽，健康靓丽。

犹太人有句名言："女人和嘴巴的生意最好做"。当年该公司老总刘广霞意识到，改革开放后人们生活水平显著提高，人们对保健药品的需求十分迫切，而市面上只有些适宜男性的壮阳健肾之类保健口服液。于是刘广霞和她的创业伙伴们觉得女人是更需要关心的"半边天"，这个消费群体蕴藏着巨大的消费潜力。

主意定下后，取个什么名字才能让消费者有一种先入为主的好感呢？名字想了不少，后来集中到这个理念：内地人习惯称妻子为"爱人"、"内人"、"老婆"，随着开放及受境外文化影响，视称妻子为"太太"更新潮，更文明，更尊重，这正是捕捉了女性在开放文化后追求健美的心态，他们将这个定位在20~50岁女性，适用于"活血、去斑、养颜"的产品问世，正满足了这一年龄段做一个完美女人的要求。

在口碑经营方面，他们打破国内厂商的惯例，定下专业化的目标，以公开竞标的方式，寻求国际4A广告公司合作和进行全国的市场推广。

1994年，太太口服液曾以毛阿敏为主要广告模特。1995年，又以都市女性新生活为主题而创新了品牌。1996年，刘广霞进一步挖掘“做女人真好”这个主题，表达两层意思：一是随着社会不断进步，中国女性社会地位提高了；二是这个产品能让女性保持青春的光彩，使其在生理上、心理上永葆青春。太太口服液的广告词及电视广告画面由于精心策划而成，所以都能给消费者留下深刻印象。如1994年，精心策划的“三个太太”系列报纸广告在南方媒介推出，由于画面设计独特，新奇的广告主题先声夺人，在极短时间内取得广泛传媒面，迈出成功第一步。刘广霞对刊登的传媒都有选择，除电视台外，主要在《新现代画报》、《读者》、《家庭》、《羊城晚报》等报刊上刊登，刘广霞还在《女友》上作推介，那些女读者虽然今天还是姑娘，但明天就是太太，超前的教育宣传是为了造就不同层次的消费群体。

刘广霞真不愧是一个敢作敢为敢创新的管理者，她能够脱离传统的生产导向、产品导向的阶段，而是以品牌为中心，以市场为中心生产迎合消费者及市场需求的高质量产品，并透过传媒，不断累积品牌资产，以建立品牌的地位，让太太口服液成功地迈出了这一步。

2. 不仅需要冒险，还要会巧冒险

做大事要敢于冒险，但还要会巧冒风险。不能硬着头皮撞，也不能看见风险，就以为后面一定跟着利润。冒险应遵循该冒决不躲避，该避决不冲动的原则。

风险许多时候是躲避不了的，有时候是躲避了小风险又会酿成大风险。蹩脚的决策者遇到风险时胆战心惊，想法设法绕开去，最终又躲避不开；而优秀的决策者却适度地加以运用，结果保证了组织生存，促进了组织的发展。

“机不可失，时不再来。”人人都会说这句话，但有很多人只有等到机会从身边溜走之后，才恍然大悟，如梦初醒，急得上蹦下跳。机遇对任何人都是公平的，关键要看你能否取巧将之捕捉到。

如台风带来海啸一般，机遇常与风险并肩而来。一些人看见风险便退避三舍，再好的机遇在他们眼中都失去了魅力。这种人往往在机会来临之时踌躇不前，瞻前顾后，最终什么事也干不成。我们虽然不赞成赌徒式地冒险，但任何机会都有一定的风险性，如果因为怕风险就连机会也不要了，无异于因噎废食。

大凡做事成功之人，无不慧眼辨机，他们在机会中看到风险，更在风险中逮住机遇。

美国金融大亨摩根就是一个善于在风险中取巧把握时机的人。

L. P·摩根诞生于美国康乃狄格州哈特福的一个富商家庭。摩根家族

1600年前后从英格兰迁往美洲大陆。最初，摩根的祖父约瑟夫·摩根开了一家小小的咖啡馆，积累了一定资金后，又开了一家大旅馆，既炒股票，又参与保险业。可以说，约瑟夫·摩根是靠胆识发家的。一次，纽约发生大火，损失惨重。保险投资者惊慌失措，纷纷要求放弃自己的股份以求不再负担火灾保险费。约瑟夫横下心买下了全部股份，然后，他把投保手续费大大提高。他还清了纽约大火赔偿金，信誉倍增，尽管他增加了投保手续费，投保者还是纷至沓来。这次火灾，反使约瑟夫净赚15万美金。就是这些钱，奠定了摩根家族的基业。摩根的父亲吉诺斯·S·靡根则以经营菜店起家，后来他与银行家皮鲍狄合伙，专门经营债券和股票生意。

生活在传统的商人家族，经受着特殊的家庭氛围与商业熏陶，摩根年轻时便敢想敢做，颇富商业冒险和投机精神。1857年，摩根从德哥廷根大学毕业，进入邓肯商行工作。一次，摩根去古巴哈瓦那为商行采购鱼虾等海鲜归来，途经新奥尔良码头时，他下船在码头一带兜风，突然有一位陌生人从后面拍了拍他的肩膀："先生，想买咖啡吗？我可以出半价。"

"半价？什么咖啡？"摩根疑惑地盯着陌生人。

陌生人马上自我介绍说："我是一艘巴西货船船长，为一位美国商人运来一船咖啡，可是货到了，那位美国商人却已破产了。这船咖啡只好在此搁置……先生！您如果买下，等于帮我一个大忙，我情愿半价出售。但有一条，必须现金交易。先生，我是看您像个生意人，才找您谈的。"

摩根跟着巴西船长一道看了看咖啡，成色还不错。——想到价钱如此便宜，摩根便毫不犹豫地决定以邓肯商行的名义买下这船咖啡。然后，他兴致勃勃地给邓肯发出电报，可邓肯的回电是："不准擅用公司名义！立即撤销交易！"

摩根勃然大怒，不过他又觉得自己太冒险了，邓肯商行毕竟不是他摩根家的。自此摩根便产生了一种强烈的愿望，那就是开自己的公司，做自己想做的生意。

摩根无奈之下，只好求助于在伦敦的父亲。吉诺斯回电同意他用自己伦敦公司的户头偿还挪用邓肯商行的欠款。摩根大为振奋，索性放手大干一番，在巴西船长的引荐之下，他又买下了其他船上的咖啡。

摩根初出茅庐，做下如此一桩大买卖，不能不说是冒险。但上帝偏偏对他情有独钟，就在他买下这批咖啡不久，巴西出现了严寒天气，一下子使咖啡大为减产。这样，咖啡价格暴涨，摩根便顺风迎时地大赚了一笔。

从咖啡交易中，吉诺斯认识到自己的儿子是个人才，便出了大部分资金为儿子办起摩根商行，供他施展经商的才能。摩根商行设在华尔街纽约证券交易所对面的一幢建筑里，这个位置对摩根后来叱咤华尔街乃至左右世界风云起了不小的作用。

这时已经是1862年，美国的南北战争正打得不可开交。

林肯总统颁布了“第一号命令”，实行全军总动员，并下令陆海军对南方展开全面进攻。

一天，克查姆——一位华尔街投资经纪人的儿子，摩根新结识的朋友，来与摩根闲聊。

“我父亲最近在华盛顿打听到，北军伤亡十分惨重！”克查姆神秘地告诉他的新朋友，“如果有人大量买进黄金，汇到伦敦去，肯定能大赚一笔。”

极其敏感的摩根立时心动，提出与克查姆合伙做这笔生意。克查姆自然跃跃欲试，他把自己的计划告诉摩根：“我们先同皮鲍狄先生打个招呼，通过他的公司和你的商行共同付款的方式，购买四五百万美元的黄金——当然要秘密进行；然后，将买到的黄金一半汇到伦敦，交给皮鲍狄，剩下一半我们留着。一旦皮鲍狄黄金汇款之事泄露出去，而政府军又战败时，黄金价格肯定会暴涨，到那时，我们就堂而皇之地抛售手中的黄金，肯定会大赚一笔！”

摩根迅速地盘算了这笔生意的风险程度，爽快地答应了克查姆。一切按计划行事，正如他们所料，秘密收购黄金的事因汇兑大宗款项走漏了风声，社会上流传着大亨皮鲍狄购置大笔黄金的消息，“黄金非涨价不可”的舆论四处流行。于是，很快形成了争购黄金的风潮。由于这么一抢购，金价飞涨，摩根一瞅火候已到，迅速抛售了手中所有的黄金，趁混乱之机又狠赚了一笔。

这时的摩根虽然年仅26岁，但他那闪烁着蓝色光芒的大眼睛，看去令人觉得深不可测，再搭上短粗的浓眉、胡须，会让人感觉到他是一个深思熟虑、老谋深算的人。

此后的一百多年间，摩根家族的后代都秉承了先祖的遗传，不断地冒险，不断地投机，不断地暴敛财富，终于打造了一个实力强大的摩根帝国。

机会常常有，结伴而来的风险其实并不可怕，就看你有没有勇气去逮住成大事的机会。敢冒风险巧冒风险的人才有最大的机会赢得成功。古往今来，没有任何一个成大事者会不经过风险的考验。因为，不经历风雨，怎能见彩虹？不去冒风险，又怎能把握住人生的关键呢？

3. 有胆识更要有魄力

胆识与魄力是一对近义词。有胆识是有魄力的前提，有魄力之人一定有胆识。然而，胆识只是一种简单冲动的行为，魄力却容纳了更多的智慧，所以，有胆识更要有魄力。

近代著名的金融家陈子铭是一位活跃于金融界和政界的风云人物。在早年留学法国的时候，陈子铭就加入了同盟会，由于自己对政治抱有极浓厚的兴趣，所以尽管他进入了法国高等商业学校学习经济，但他还是把主要的精力放在了政治活动上，积极地参加各种涉及政治的活动。

尽管陈子铭把他的重心放在了政治上，但是，他天资聪颖并且好学，仍然以优异的成绩获得了清王朝的商科进士。回国后陈子铭担任了大清银行总行财务科副科长和陕西分行总监等职。辛亥革命结束了清朝统治，这样直接导致了大清银行的倒闭，它在各地的分行均告停业，正是在这种形势下，陈子铭不得不离开陕西来到了上海。

大的形势虽然改变了，但此时一个机会又降临了。在上海的一批大清银行商股持有者发起组织商股维持会，呈请南京临时政府财政部整理大清的银行，并提出了成立中国银行的要求。

由于陈子铭有过经营银行的经历，再加上有同盟会会员这层政治关系，他因祸得福，不但躲过了一劫，而且很快便被南京临时政府任命为监督，负责中国银行的筹备工作。

陈子铭做事非常仔细，经过认真调查，他很快就制定出了一个可行性非常强的计划。很快，总部设在北京的中国银行总行正式开办。几个月后，上海分行也正式开业，这一切与陈子铭的功劳是分不开的。

但由于在中国银行购股权的问题上陈子铭与新任的财政总长莫齐森产生了矛盾，两人的意见分歧不可调和，无奈之下，陈子铭只好选择了放弃，开始另谋出路。

陈子铭决非轻言失败之人，他有胆有谋，经过努力，很快就找到了新的出路，加入了梁启超领导的进步党，同时还担任进步党政务部财政科主任。凭着这层关系，后来，陈子铭又当上了上海造币厂监督。

1918年5月，陈子铭在加铸2分和6厘的两种铜辅币时发现，即使银辅币的成色不是银的或铜的也可以在市面上流通，而且铜价涨落不定，在这涨落间就有了差价，完全可以从中牟利。正是在这一发现下，他不失时机地利用铸造辅币时的差价，牟取暴利，发了一大笔横财，为他后来参加创办银行积累了必需的资本积累。

陈子铭城府很深，有独到的眼光，更是一个善于在不同环境下创造机会的人。为了能够找到一个有用的靠山，为自己以后在金融界的发展打下坚实的基础，他很快就结识了皖系军阀段祺瑞所依靠的“小诸葛”徐树铮。凭借着这样的关系，他的政治地位迅速上升，水涨船高，他在金融界的地位也随之提高。1919年8月，陈子铭作为天津创办金城银行的发起人之一，投资5万元，成为第6大股东。由于他有过大清银行、中国银行总监的经历，被董事会选举为董事。

陈子铭在金融界发迹的契机来自于当时盐业银行的困境。

盐业银行是1915年3月由袁世凯的表弟许德苗创办的，袁世凯失败后，1916年9月初，盐业银行主要股东张勋拥立溥仪复辟，在这种形势下，许德苗又出资35万元支持张勋。但是当复辟失败后，盐业银行经理许德苗被逮捕，这样就使盐业银行群龙无首，一片混乱。银行的上层人物紧急商讨，决定由股东推举新的总经理来结束这种混乱的局面。

在这种形势下，陈子铭依靠皖系军阀的政治支持和他当时在金融界的名望，轻松地担任了盐业银行总经理，开始了他在金融界的新使命。

陈子铭是一个有魄力的人，一直以来他都有个梦想，就是要创设一家真正的股份制商业银行。因此当他担任盐业银行总经理一职之后，就开始着手实施计划。他利用与商业银行协理薛凤九、金城银行总经理李受民和华南银行总经理屠红礼的私人关系，筹集到了50万元作为股本。

由于经营有方，在两年的时间里，陈子铭就将400万元的股本全部收齐，这在当时是一个了不起的奇迹。

在扩股方式上，陈子铭做事不因袭旧法，敢为天下先，做事有魄力的性格特质得到充分展现。他改变了过去银行界的习惯做法，制定了自由缴股、十年扩股的办法。他让持有股权的股东可以年缴1／8，这是一种弹性的收费机制，它既可以使那些有实力的股东先行缴付，又可使资金少的人缓缴，这样就使股东的权利得到了很好的维护，同时又不会加重银行的付息。这种扩股办法的妙处在于它使股东和银行均能够获得好处，是一种双赢的策略，这一策略的实施为他以后的发展奠定了扎实的基础。

陈子铭以其卓越的胆识和魄力，成为北方金融界的一颗明星。

在历史上，能够在政治与金融之间游刃有余的人并不多，陈子铭却是其中的一位佼佼者。他用自己卓越的胆识和魄力在两者之间找到极佳的平衡点，既利用了政治为金融业服务，又凭借着强大的经济实力参与政治，双方彼此相互促进，相辅相成。

陈子铭的成功是必然的，能走到这一步正是因为他善于在政治的庇护下，发挥自己的胆识和魄力的优点，为自己的事业创造了一次又一次的良机，成为一名令人刮目相看的金融家。

有胆识有魄力，做事果断的人，给人一种行事干练，决不拖泥带水的印象。这种人不但易于让人尊重，而且他们办事成功的几率也大大高于那些拖沓、优柔寡断的人。

4. 做事要灵活，该快则快该拖则拖

做事不可太死板，灵活的人往往是最会做事的人。事有大小之别，事也有急缓之分。只有因事因人而宜，采取不同的方式，才能有一个圆满的结局。

做事迅速与缓慢一般往往依据个人性格而定，急性子的人办事情多迅速，不会拖延，慢性子的人则无论干什么事都是不紧不慢的。但生活中恰恰是因为性格的原因，往往使得该速决的而拖延了，该拖延的而速决了。应该说，世上没有比这再糟糕的事情了。

那么，如何掌握好速与缓的分寸呢？

（1）该速战速决的，就要快刀斩乱麻，迅速办妥；该拒绝的，不可行的千万别迟疑，尽早回绝。

诸如上司拿着一份打有“紧急”字样的文件，吩咐你去办，你若不放在心上，三拖两拖，或者虽尽心尽意，但办理不够果断、快捷，误过了要求的时限，今后，谁还会把重要的事情托付给你办？一来二去，你在单位里便会渐渐地成了聋子的耳朵——摆设。至于那些不应该办的，该拒绝的，你也千万别碍于情面，不好意思拒绝。因为，拒绝是你的权利，也是你负责任的表现。比如领导分配一项任务，你根本没有这个能力，可万万不该的是，你因为不好意思拒绝，或是怀着“拖一拖，拖黄了”的心理，而应承下来，那你就犯了一个大忌，到头来不但要受到责罚，而且还会在领导那里失去最起码的信任。

（2）该拖一拖缓一缓的事情，切不可操之过急，凡事要掌握一个火候，犹如做饭，火大了饭会糊，火小了饭夹生。

干工作也一样，比如对于一些领导没要求马上要办好的事情，大可不必急于求成。须知马不停蹄之时，该错过了多少美景？更何况，领导不要求速办，必有原因，你若火燎屁股似的办完，大多不合领导心意，比如单位领导交待你写一篇讲话稿，以备在下次职代会上用。这样，你先要揣摸好领导思路，再进行一些必要的调研，多听一听老同志的意见，然后再精雕细琢，有条有理地写好，甚至写完之后，也不要马上拿给领导，这是因为如果你在领导交待你之后，没用几天就拿出了稿子，他肯定会认为你是应付他的，没有认真去搞，孰不知你为这稿子竟闹得两宿没睡好觉！领导一旦有了这种想法，非把你的稿子批判得体无完肤！而你若不慌不忙，专等到开会的前一天才把稿子拿出来，他一定会认为你是认真的，是诚恳的，这稿子也一定是高质量的，到那时怎么还会对你的稿子挑毛病呢？更何况，他就是想挑毛病，哪里有容得他挑的时间！

由此可以看出，做事不可太呆板，要灵活，该速战速决的要速战速决，该拖延的要拖延，凡事都要做到恰到好处，这才是聪明人的选择。

5. 只做需要做的事

上司总会这样劝导员工："做好本职工作。"而不是要求员工再去完成其他分外的任务，因为一个人如果连本职工作都做不好，那么其他事情，他也不可能做好。另外，事情也有需做不需做，可做不可做，有价值无价值之分。

美洲银行技术和操作部主管吉姆·迪克森曾说过这样一句话："通常，高级经理也是存在问题的部分原因。他们认为实际上传播信息的惟一来源是自己，他们不明白为什么组织内部会有那么多的问题，于是就重新组织，重新构建，引入新方法。因为他们不理解人们为什么感到困惑，许多优秀的人才受到日渐复杂的状况的困扰。"这段话指出了企业界的一个普遍的事实：我们的公司总是莫名其妙地在变化，很多公司不知就里地从一种管理模式转到另一种管理模式。但这也只是其中的一个事实。另外一个事实直指管理人员的内心，那就是，"管理人员爱复杂，因为复杂给管理人员带来了有意思的工作内容"。在我看来，这里的"有意思"应该是这样的吧：只有当他们做点什么的时候（无论什么事情都可以），才能让上司或者董事会觉得他们在做事（而不是无所事事），或者是让上司感觉到他们不是原地不动。

剧作家尼尔·西蒙决定是否将一个构想写成剧本前会问自己，答案如果是："这会是一个好剧本，但需花费一两年的时间。"西蒙就不会写。

遗憾的是，大多数人一直要到他们的生涯走了一大段路以后，才开始思考这个问题。

葛里斯曼曾经讲过他的一段故事：

在我担任一所著名大学的系主任之后，一个全国性的科学机构邀请我在他们的年度会议上发表论文。我以为这是一个规模较大的会，于是就答应下来，并花了相当多的时间准备。但发表会的结果却令人大失所望——出席会议的总才四个人。经过这次教训，我便下定决心不再轻易答应任何事情。不久之后，同一个机构又请我将当时发表的内容写成一篇论文，刊登在他们那个很少有人看的期刊上。我拒绝了。

如果你明知道自己不该在某事上浪费时间，但却还是下定不了决心，那么这里有四个很好的理由说明了我们绝对不应做不值得做的事。

不值得做的事会让你误以为自己完成了某些事情，就像将没人听说或读过的论文列在履历表上一样，你只是对白费力气沾沾自喜罢了。

不值得做的事会消耗时间与精力。因为用在一项活动上的资源不能再用在其他的活动上，不值得做的事所用的每一项资源都可以被用在其他有用的事情上。

不值得做的事会产生惯性。社会学家韦伯说，一项活动的单纯规律性会逐渐演变为必然性。许多机构、刊物或活动根本就不该存在，其仍能持续存在的原因只是大家已经习惯了，有了认同感，如果让它们消失的话，会有罪恶感。

不值得做的事会生生不息。开始做不值得做的事后，就需要组织一个委员会来监督，需要小组委员、管理人员、落实人员，甚至每年开设训练营学习如何将不值得做的事做得更好。

你也许毫无选择余地，因为你既无权也无势。但是只要你有选择的机会，请用尼尔·西蒙的话问问自己："如果我将这个构想的潜能发展到最好，是不是真的值得？"答案如果是"不"的话，千万别去做。

1963年，彼得·德鲁克写下了一篇叫做《有效的经营管理》的文章，这篇文章中的思想直至今天依然有着强烈的现实意义。德鲁克写道：“我们需要的是能够帮助我们安排工作，并能够回答下列问题的简单的概念：管理者的工作到底是什么？他所面临的主要问题是什么？定义并分析这些问题的原则是什么？”

德鲁克所提出的第二个问题是：管理者面临的主要问题是什么？如果一个管理者不能区分“效率”和“效果”，我们很难想像他能够对企业的业绩负起真正的责任。“做正确的事远比正确地做事重要”，很多人听到过德鲁克的这句名言。在这里，“正确的事”当然不会是“不值得做的事”。然而有更多的人在更多的时候把这个告诫抛在脑后，许多管理者绞尽脑汁所做的，不过是用更精巧、更科学、更高效的办法加速产品或企业的衰亡。

6. 像啄木鸟一样主动出击

天上不会掉馅饼。事情也不可能在你的等待中或做白日梦时自己完成。逃避和懒惰是事情成功的大敌，积极主动才是做事取巧的根本。

有时候你要完成的事情就像躲在树洞里的虫子，总在和你玩捉迷藏游戏。守在洞口肯定不是最佳解决方案，因为虫子即使再愚笨，也知道可以另寻出口。这时，我们需要像啄木鸟一样，伸出尖硬的长嘴，主动出击，将虫子尽收囊中。

1862年4月，美国将领格兰特率领的联邦军队突袭田纳西州匹兹堡码头附近的夏伊洛，成功地解除了南方军队对田纳西州的控制。

夏伊洛战役在规模和程度上都远远超过了当时美洲大陆上所发生过的任何战役。格兰特的部队取得了重大胜利，但伤亡是惨重的，格兰特也因此受到了攻击、诽谤，有人说，格兰特当时喝醉了，他没有预料到南方军的反攻，因而被打了个措手不及。

纽约还派了一个牧师代表团到白宫与首相林肯会面，要求撤换格兰特。林肯耐心地听他们讲了一个小时，然后问道："诸位先生，你们讲的很好，我想请你们告诉我，格兰特将军喝的酒是什么牌子的？"大家回答说："不知道。"林肯说："这太令人遗憾了！如果你们能告诉我是什么牌子的，我将派人购买该牌子的酒10吨，送给那些没有打过胜仗的将军们，好让他们也像格兰特一样打几场胜仗！"

为什么林肯总统要这样说？

因为在当时的战争情境中，联邦军队大部分的将领一直在打败仗，他们甚至差点被南方军队打到华盛顿，他们中间没有一个人敢于主动进攻，更没有一个人能像格兰特那样：当他还是上校时，他就开始打胜仗；当他升为陆军准将时，他还是在打胜仗；当他升为少将时，他仍然在打胜仗。他打的胜仗越来越多，规模也越来越大。他总是能利用手中的有限的军队、有限的武器，创造战场上的最大胜利。

在后来格兰特升为联邦军队的总指挥后，他更创造了战争史上一个又一个的奇迹。

格兰特一生指挥了无数影响后人的经典战役，这为他本人赢得了许多荣誉。

林肯总统是格兰特最有力的支持者。而格兰特以他非凡的执行力赢得了林肯的信任。

林肯在后来的评价中也曾说道："格兰特将军是我遇见的一个最善于完成任务的人。"

夺取亨利要塞和多纳尔森要塞就是格兰特主动完成任务的最佳战例之一。但还不仅于此，在攻打两个要塞的战役中，他第一次使用铁甲舰船参与水陆两栖进攻，使北方军威大振，所向披靡。

之后不久，格兰特率领联邦军乘胜攻占田纳西州首府纳什维尔，一下子向敌方纵深推进了320多公里。处于同时代的德国人马克思曾称赞这个胜利说："收复这样广大的一片土地，在仅仅一个月内从俄亥俄河进展到坎伯兰河，像这样的毅力、坚决和迅速，是欧洲正规军很少能达到的。"

在维克斯堡战役中，格兰特曾经经历两次失败，但他没有气馁，而是再次进行了精心策划。身穿褪色军装，头戴磨损的金线帽子的格兰特，一边研究着地图，一边聆听大家谈论维克斯堡。参谋们谁也揣摩不出长官的心里在琢磨什么，当他对部下说出了他决定再次攻打维克斯堡的真实意图时，大多数人都反对，说他的计划太冒险了。他们说，格兰特的计划会毁掉北方打胜这场战争的全部可能性。但是，格兰特还是出兵来到密西西比河西岸，从维克斯堡城前经过。他让部队在城南的一个地方乘上炮舰，渡过了河。部队在东岸登陆，在司令官的催促下，向内陆突进。为了闪电般袭击敌军，任何非必需的物品都不准携带。格兰特本人只带了一把梳子和一柄牙刷，没有替换的衣服，没有毯子，甚至没有坐骑。军队从维克斯堡南面向内陆进发！格兰特在城北的活动已经麻痹了南方军，他们不明白他在要塞南面登陆的用意。南方军指挥官慌忙南下，想摧毁格兰特的给养线，却发现根本没有什么给养线。因为格兰特违背了一条这样的基本作战原则：进攻部队的活动不能脱离掩护得很好的给养基地。他完全不受条条框框的约束，他以这片土地为生，一面前进，一面就地征集他所需要的食物和马匹。

这场战役的胜利，改变了南北双方力量的对比，是使北方走向胜利的转折点。

在进攻里士满的计划中，格兰特更是将他的创造力和想像力发挥得淋漓尽致。

当时到达里士满有三条路：

走东路要过好几条河，走西路会断绝所有的水运给养，一切军粮和弹药都由车拉。走中路，要经过莽原，那是一片方圆20英里的灌木和荆棘丛生的地方，还有沼泽，在茂密的林丛中，人得择路而行。那儿既用不上大炮，也用不上骑兵。格兰特最后选择走中路。

在密林中，他与南方的李将军发生激战。两天的激战，格兰特的部队损失了18000人，他将部队稍事休息。他的对手把堵在通向渡口道路上的部队全都撤走了，这样联邦军就可以畅通无阻地后撤了，联邦军上下都在谈论着撤兵一事。当黑夜再次来临时，格兰特指挥部队启程了，一路上尘土飞扬，战士们都不知道开往何处。他们到达一个交叉路口，如果往左拐，那就是向北走。但是，他们向右拐——向南进发了。顿时士兵们发出了巨大的欢呼声。格兰特走过行军队列，战士们向他欢呼、挥帽子。这是格兰特一生中决定性的时刻，如果他撤兵的话，国家就会毁于一旦。在战场上与格兰特棋逢对手的李将军，在当时就曾经判断："格兰特绝对不是那种打不赢就后退的人。他一定会迂回，然后继续前进。"这是另一位优秀的指挥官对格兰特最富想像力的判断。只有当你了解，什么是主动完成任务，你才会了解李将军为何会丝毫不敢大意、也从不去低估对手的用意。即使是这样，他最终还是败于格兰特之手。

这就是积极主动的巨大威力，不气馁、不放弃，在坚持的基础上还要再前进，有了这样的心气，还有什么事情能难倒我们呢?

7. 犹豫不决是一切失败和悲哀的源头

世界上最可怜的是犹豫不决的人。因为犹豫不决，他们总是在准备，却不见出发；因为犹豫不决，他们连自己的行为都无法主宰；也因为犹豫不决，他们终其一生连一件事都做不好。

那些总是犹豫不决的人，世上没什么东西能帮助他们形成迅速决断的行动习惯。因此，一个人试图面面俱到是抓不住事物的本质的。决策就是决定性的、不可更改的，一旦做出就要尽力执行，就算有时候会犯错，也比那种事事求平衡、总是思来想去、拖延不决的习惯要好。当我们致力于形成一种快速决策的习惯时，哪怕在最初这种做法显得有些机械，它也会让我们对自己的判断力产生信心。由此，一个人将会获得一种全新的独立精神。

有这样一个人，无论做什么事情他都给自己留着重新考虑的余地，就连写信也是这样。他总担心自己的信会有改动，不到最后一分钟不敢封口。即使信的一半已经塞到邮筒里了，他还会犹犹豫豫地把它抽出来，拆开，再看一遍。这一看，可能又发现哪儿不对头了，然后他只好把这封信拿回去重写。对他来说，寄一封信很不容易，寄出去以后，他还是惴惴不安的，成天惦记着那封信的措辞是否得体。他最可笑、也是尽人皆知的事，就是有一次他把信寄出去以后，又发电报叫人家赶紧把信退回来，千万不要打开看。他人品非常好，为人处世非常得体，但就是由于这优柔寡断的性格，他得不到人们的信赖，谁也不愿意跟他合伙做事。

比鲁莽更糟糕的是犹豫不决。

犹豫不决的人常担心事情的凶吉好坏，今天做出一个抉择，明天会发生更好的可能性，总是不敢做决断。他们因此失去很多好机会，埋没很多好想法。

良机稍纵即逝，犹豫不决的人很难抓住机会。

雷厉风行难免会犯错误，但总比什么也不敢做强。

威廉·沃特说："如果一个人永远徘徊于两件事之间，对自己先做哪一件犹豫不决，他将会一件事情都做不成。如果一个人原本做了决定，但在听到自己朋友的反对意见时犹豫动摇、举棋不定，那么，这样的人肯定是个性软弱、没有主见的人，他在任何事情上都只能是一无所成，无论是举足轻重的大事还是微不足道的小事，概莫能外。他不是在一切事情上积极进取，而是宁愿在原地踏步，或者说干脆是倒退。古罗马诗人卢坎描写了一种具有恺撒式坚忍不拔精神的人，实际上，也只有这种人才能获得最后的成功——这种人首先会聪明地请教别人，与别人进行商议，然后果断地决策，再以毫不妥协的勇气来执行他的决策和意志，他从来不会被那些使得小人物们愁眉苦脸、望而却步的团难所吓倒——这样的人在任何一个行列里都会出类拨萃、鹤立鸡群。"

像墙头草一样摇摆不定的人，无论他其他方面多么强大，在生命的竞赛中，总是容易被那些坚定的人挤到一边，因为后者想做什么，立刻去做。可以这样说，拥有最睿智的头脑不如拥有果敢的判断力。

成千上万的人在竞争中溃败而归，仅仅因为耽搁和延误，而数不胜数的成功者因为在关键时刻冒着巨大风险，迅速做出决定，创造了财富。

使一个人形成果断决策的个性，是生命成长中道德和意志训练方面最重要的工作。

果断决策的习惯对我们非常重要，以至于经常要准备冒险做出不成熟的判断或采取不利行动。对一个人来说，偶尔做出错误的决定，总比从不做决定要好。

8. 智慧是一笔最大的财富

别人可以拿走你的一切，但却拿不走你的智慧。同样，假如你生来拥有一切，遗憾的是没有智慧，即你的一切总有一天会被别人拿走。

智慧是一笔最大的财富，只要拥有智慧，即使你一贫如洗，也不必担心。这是因为：

（1）有了智慧，能拥有其他的东西

中国儒家称之为“三达德”的“智、仁、勇”当中，智被列在首位，可见智的重要性。

一个成功者，并不一定非要有很高的才能，但他必须要有智慧。

犹太家庭里的孩子在成长过程中，负责启蒙教育的母亲几乎都会要求他们回答这样一个问题：

“假如有一天你的房子被烧了，你的财产就要被人抢光，那么你将带着什么东西逃命？”

孩子们少不更事，天真无知，大多数自然会想到钱这个好东西，因为没有钱就没有吃的穿的玩的。也有的孩子会说是家中珍藏的价值连城的钻石，有了它，就什么都不用愁了。可这些显然都不是母亲想要的答案，她会进一步问：“有一种东西是没有形状，没有颜色，没有气味的宝贝，你们知道是什么吗？”要是孩子们回答不出来，母亲就会说：“孩子们，你们要带走的不是钱，也不是钻石，而是智慧。因为智慧是任何人都抢不走的，只要活着，智慧就永远跟着你们。”

别人可你以拿走你的一切，但拿不走你的智慧。在聪颖、精明的犹太人眼里，任何东西都是有价的，都能失而复得，只有智慧才是无价之宝——智慧是母鸡，其他的所有东西都是鸡蛋——有了它，才能再去拥有其他的什么东西。

（2）巧妙运用自己的智慧

智慧通常是在对比当中显现出来的。

1984年，在东京国际马拉松邀请赛上，名不见经传的日本选手山田本一出人意料地夺得了世界冠军。当记者问他凭什么取得如此惊人的成绩时，他说了这么一句话：“凭智慧战胜对手。”

两年后，意大利国际马拉松邀请赛在米兰举行，山田本一代表日本参加比赛。这一次，他又获得了世界冠军。面对记者的提问，他还是那句话：“凭智慧战胜对手。”

10年后，这个谜终于解开了。山田本一在自传中写到：每次比赛前，我都要乘车把比赛的线路仔细地看一遍，并把沿途比较醒目的标志画下来，比如第一个标志是银行，第二个标志是一棵大树，第三个标志是一座红房子——这样一直画到赛程的终点。比赛开始后，我就以百米的速度奋力地向第一个目标冲去，等到达第一个目标后，我又以同样的速度向第二个目标冲去。40多公里的赛程，就被分解成这么几个小目标轻松地跑完了。如果，我把目标直接定在40多公里外终点线上的那面旗帜上，那么我会跑到十几公里就疲惫不堪了，而且我会被前面那段遥远的路程吓倒。

在这里，智慧成了山田本一战胜竞争对手的手段。

当然，智慧在生活中的各个方面都有所表现，基辛格为人做媒的事也显示出了这位政治家超人的智慧。

一次，基辛格主动为一位农夫的儿子做媒。他对老农说：

“我已经为你物色了一位最好的儿媳。”

老农回答说："我从来不干涉我儿子的事。"

基辛格说："可这姑娘是罗斯切尔德伯爵的女儿（罗斯切尔德是欧洲最有名望的银行家）。"

老农说："嗯，如果是这样的话——"

基辛格找到罗斯切尔德伯爵说："我为你女儿找了一个万里挑一的好丈夫。"

罗斯切尔德伯爵忙婉拒道："可我女儿还很年轻。"

基辛格说："可这位年轻小伙子是世界银行的副行长。"

"嗯，如果是这样——"

基辛格又找到世界银行行长说："我给你找了位副行长。"

"可我们现在不需要再增加一位副行长。"

基辛格说："可你知道吗，这位年轻人是罗斯切尔德伯爵的女婿。"

于是世界银行行长欣然同意。

基辛格凭借自己的智慧，巧妙地利用各种外部条件，促成了这桩美满的姻缘，让农夫的穷儿子摇身一变，成了金融寡头的乘龙快婿，真是让人佩服得五体投地。

（3）智者与愚者的区别

智者知道，全力做完一天的工作之后才能休息。愚者总是把今天该做的事情留到明天再做。

智者用准备实施的计划迎接新一天的到来。愚者爱他们的床不亚于爱自己。

智者会随时迎接周围的挑战。愚者信奉"只有累死的，没有闲死的"。

智者敢于将理想付诸实践，会克服阻碍他们实现梦想的一切困难。愚者总是感到疲倦，他们活着就是为了休息。

对于智者来说，工作是达到所有目标的工具。工作对愚者来说是"神圣”的，因此他们经常设法不去碰这件“圣物”。

智者抢着干工作，他们总是走在最前面。愚者总是逃避任务，并希望别人替他们完成工作。

智者认为，在有生之年应该建功立业，因为到了天堂里一定会有充足的时间休息。如果聚会与工作发生冲突，愚者随时会丢下工作去消遣。

在智者看来，最糟糕的“疾病”是感觉自己是个无用之人。愚者对自己说：“如果工作是有益健康的，就让病人们去干吧。”

生活中、工作中，随处都可以见到智慧，都有智慧的闪光。那么，对一个人来说，怎样才能获得智慧呢？靠尝试，而尝试是需要勇气的。要勇于尝试，并在尝试中不断总结，才能不断增长见识，增加智慧。

9. 细节决定成败

一个细小的环节，就可能造成无法挽回的损失。上个世纪80年代，美国航空史上那起造成8人死亡的灾难就说明这一点：细节永远是不能忽略的关键所在。

某知名汽车生产公司总工程师高桥踌躇满志地走下飞机舷梯口。随着汽车业的日臻成熟，高桥所在公司扩大了与日本一家生产高档轿车公司的合作。他此次日本行的目的，就是与日方谈判，为他们提供轿车及附件。如果谈得顺利，公司将获得巨大的经济效益。

高桥只有40多岁，却已是知名的汽车专家，日方显得很慎重，派出年轻有为、处事谨慎的副总裁兼技术部课长百惠前来迎接。豪华气派的迎宾车就停在机场的到达厅外。高桥办完通关手续，走出大厅，来到举着欢迎他的小牌子的人面前，与百惠一行见面。宾主寒暄几句后，百惠亲自为高桥打开车门，示意请他入座。

高桥刚一落座，便随手“砰”地关上车门，声音极响，百惠甚至看见整个车身都微微颤了一下。百惠不禁愣了一下：“是旅途的劳累使高先生情绪不佳，还是繁复的通关手续让他心烦？他可是公司的贵客，得更加小心周到地接待才行。”

一路上，百惠一行显得十分热情友好，甚至到了殷勤的程度。迎宾车停在公司大厦前的停车坪里，百惠快速下车，小跑着绕过车后，要为高桥开车门。但高桥却已打开车门下车，又随手“砰”地关上车门。这一次，比在机场上车时关的还要响，似乎用的力还要重得多。百惠又愣了一下。

会谈安排在第三天。在接下来的两天里，百惠极尽地主之谊，全程陪同高乔游览东京的名胜古迹和繁华街景，参观公司的生产基地。高桥显得兴致很高，可回到下榻酒店时，他下车关车门时又是重重的“砰”的一下。

百惠不禁皱了一下眉。沉吟了片刻，他终于边向高桥鞠躬，边小心地问道：“高先生，敝社的安排没什么不妥吧？敝人的接待没什么不周吧？如果有，还望先生海涵。”高桥显然没什么不满意的：“百惠先生把什么都考虑得非常周到细致，谢谢。”说这话时，高桥满脸真诚。百惠却显得若有所思……

第三天到了，接高桥的车停在公司大楼前，他下车后，又是一个重重的“砰”。百惠暗暗地咬了咬牙，暗中向手下的人吩咐几句后，丢下高桥，径直向董事长办公室走去。高桥正感到有些莫名其妙，百惠的手下客气地将他让到了休息室，说：“百惠课长说是有紧急事项要与董事长谈，请高先生稍等片刻。”

董事长办公室里，百惠语气严肃地对铃木说：“董事长先生，我建议取消与这家公司的合作谈判！至少应该推迟。”

铃木不解地问：“为什么？约定的谈判时间就要到了，这样随意取消，没有诚信吧。再说，我们也没有推迟或取消谈判的理由啊。”百惠坚决地说：“我对这家公司缺乏信心，看来我们株式会社前不久对该公司的考察不够仔细。”铃木是很赏识百惠这个精干务实的年轻人的，听她这么说，便问：“何以见得？”

百惠说：“这几天我一直陪着这个高总工程师。我发现他多次重重地关上车门，开始我还以为是他在发什么脾气呢，后来才发现，这是他的习惯，这说明他关车门一直如此。他是这家知名汽车公司的高层人员，平时坐的肯定是他们公司生产的好车。他重重关上车门习惯的养成，是因为他们生产的轿车车门用上一段时间后就易出现质量问题，不容易关牢。好车尚且如此，一般的车辆就可想而知了……我们把轿车的附件交给他们生产，成本也许会降低很多，但这不等于在砸我们自己的牌子吗？请董事长三思……”一个关车门的动作，可谓微不足道，相信无论是在生活中还是工作中都不会有人太在意它，但恰恰是这种别人眼里的微不足道，被百惠抓到了，并通过进一步的细致分析，揭出了这一习惯性动作背后可能隐藏的深层问题，从而帮助公司避免了可能遭遇的重大损失。

我们应该以百惠为榜样，切实做到从细节出发。就是指用负责、务实的精神，去做好每一天中的每一件事；注重细节，就是指不放过工作中的每一个细节，并能主动地看透细节背后可能潜在的问题；注重细节，就是要让自己比过去做得更好，比别人做得更好。

10. 高标准、高质量的要求自己

日常生活中，我们总有一些时候在纵容自己："差不多了。"那么，到底差多少呢？或者差一点也无所谓？正是这种长久以来的"差不多"让我们与那些从来不说"差不多"的人差了很多。

在2000年的亚洲杯足球赛上，中国队杀进四强，半决赛中同日本队相遇。赛前许多队员都表示：我们不怕日本。比赛时教练的战术安排没什么错误，队员们也拼劲十足，但最终还是以2：3输掉了这场比赛。应当说，中国队较以往有进步，场面也不难看，但日本队明显技高一筹，尤其下半场完全控制了场上的主动权，基本上是在压着中国队打。

究其原因，正如某足球评论员所言：要说速度和身体条件，日本队不如我们，他们前锋速度并没有我们快。可在全场的节奏上，却好像每个日本队员都能比我们快两步，这样整个日本队就比中国队快了两步……中国队引进外援时多引进前锋，能进球见效快，日本队职业联赛中引进的却是济科等一些宝刀已老的中场大牌明星。这些球星年龄大了，也不可能多进球，但却给日本队员带来了良好的战术意识、先进的足球理念……

我们再来看经济学家茅于轼的一段话：对于中国人来讲，不用打气的自行车轮胎，不用换的电灯泡，不漏水的水龙头等等，几乎是不可想像的，我们已经习惯了各种各样"中国制造"的低质量日常用品，并在更换、修补中耗费大量的时间精力，而在美国，这已是一个基本的质量标准和要求……

日本足球队也好，美国日用品也好，能给我们个人一种什么样的启示呢？那就是：许多时候，我们会有很好的目标和方法，也会去努力学习先进者、成功者的经验和技术，但往往只是从大处着眼，而忽略了细节之处，把一些最基本的东西置于脑后而去建筑美丽的空中楼阁。

日本队员单拿出来与我们队员拼体能，也许不是我们的对手，可他们在场上每时每刻每个人都始终比我们多跑两步、快了两步；东亚球队都在学习世界强队的战术，可日本队除了这些宏观的东西，每个人的脚下都细致了许多；美国等世界科技强国在高科技等领域绝不含糊，但在低级产品上也绝对是一流水平。说白了，就是每个岗位、每道工艺、每个环节上的人都兢兢业业地做好自己的事，无论高科技、低科技，无论是否重要工程、国家项目，认真、敬业已是一种骨子里的习惯，每一道细流汇聚起来，就聚成一股领先的潮流。

一个国家也好，一个球队也好，一个人也好，成功的经验有千条万条，但都离不开这一点，大处着眼，小处做起，切实加强自身的修养和素质，克服自身的各种惰性和小毛病。惟有如此，才能具备成功者的基本素质，可以征服各式各样的困难。

不能够严格要求自我的人是虚伪的，他们事事宽容自己，即使自己做错了什么，往往成事不足，败事有余。

我们时常想："平时可以放松一点，到了关键时刻再发挥好一点不就行了？"我们会对自己说："等到真正比赛的时候，我一定会怎样怎样，我一定会如何如何！"

你见过以往中国男子足球队的训练吗？曾经有外籍教练这样评价当时的中国队："这是一支对自己不负责任的队伍。"因为中国国家队的队员在平时训练的时候非常懒散，往往是练一会儿就休息半天。不认真听教练的指导，摆些花架子，练些不实用的技术。这种平时懒散的作风已经在队伍里蔚然成风。即使是打一些教学比赛，也总是看到国家队的队员无精打采地在场上“走动”，一旦有一个球稍微传得大了一点，就懒得去追。当教练责怪他们的时候，他们常说：“这又不是真正的比赛，干嘛那么正式呢？”

不错，这确实不是正式的比赛，但是平时的训练就不重要了吗？养兵千日，用兵一时，如果没有平时兢兢业业的千锤百炼，上了战场怎么能够对抗实力强大的敌人。反观其他足球发达国家的训练，都是高强度、高对抗，尽量能够使每场训练和比赛都符合真实比赛中的状况。

我们私底下的每一次训练和准备都是为我们的成功做准备，成功并非唾手可得，需要我们在成功的过程中抛头颅、洒热血，只有努力努力再努力才能够获得成功。那些轻视平时比赛，轻视平时训练的人，在比赛真正来临的时候只能是“心比天高，命比纸薄”。

那些在平时训练和准备过程中认真对待的人则相反，由于一直接受了高强度的模拟训练，他们更容易在关键的比赛中在关键的时刻表现出镇定的姿态，因为，在他们心中这等同于平时的一场简单的比赛和训练。

平时懒散惯了的人，重要场合让他紧张十分钟他就会难以忍受。相反，如果平时就已经很严格地要求了自己，那么在一些紧要关头，他会比平时更认真。

第四章　打破潜规则，走自己的路

“无规矩不成方圆。”但在很多时候规矩会成为我们前进的羁绊。如果没有陈胜、吴广的“王侯将相，宁有种乎？”也许就没有后来市井无赖刘邦的大汉江山；如果没有毛泽东的“星星之火，可以燎原”，也许就没有1949年新中国的解放、成立；如果没有邓小平的“走具有中国特色的社会主义道路”，也肯定就没有如今中国的一片繁荣富强。规则是需要制定的，但是有时候更需要我们去打破它。

1. 成事虽在天，谋事却在人

成功创业，“天”的因素固然是最为重要的，但任何人不努力要想获得成功创业都是异想天开。当然，我们在努力奋斗的同时，也不应忽视天时地利对成功的重要意义。

在天时地利上做文章之所以是抓住机遇的关键因素，是由机遇的突出特性所决定的。那么机遇都有什么突出的特性呢？机遇最突出的特性可以说有两点，一是它具有稍纵即逝的时效性，也就是我们常说的“机不可失，时不再来”，机遇的这种特性就决定了一旦出现就必须要能够抓住它，如果你抓不住它，它就会悄然逝去，我们不能再祈望它重新出现。所以，那些能够成功创业的人一旦发现这样的机会，就会以最快的速度去开发它、利用它。相反，那些难以成功创业的人则对机遇的到来表现得很麻木，不懂得机遇具有很强的时效性，以致机会白白地从自己面前消失，使自己丧失了最宝贵的财富而追悔莫及。

我国古籍《韩非子》一书中，有一则“郑人卖豕”的故事。故事里说，一位郑国的商人到离家较远的市场上去卖猪。由于路远，当这位商人走到集市时已是暮色苍茫之时了。这时恰好有一个买猪的人看见郑国人从自己的面前走过。这位买猪的人心想，如果能现在就买到猪，则明日就可以早早地赶回家中，还能把买来的猪再早早地卖出去。于是这猪贩子就急忙找卖猪的郑国人谈生意。不料郑国人见有人来买他的猪，却十分生气地嚷了起来，他说：“你这人好不懂事，我从很远的地方走了很多的路才到这里，天色都这么晚了，我哪里还有功夫和你谈生意？”郑国人说话时还狠狠地瞪了买猪人一眼。买猪人为了及早地买到猪再三劝卖猪的郑国人，他说：“做生意的目的就是要使生意成交，哪里还分什么天色早晚！”但郑国人毫不理会这一套，气呼呼地把自己的猪赶进了客店。结果，一桩几乎到手的生意硬是让郑国人给错过了。

做生意的目的，无非就是能够尽快地把商品销售出去，以加快资金的周转，资金周转得快了就能够多赚钱。商品长期积压在自己手里就会影响资金的周转，况且还要额外支付库存的开支，就像郑国商人由于天晚就不去交易，而把猪赶进客店，这样无形之中就要多支付一定的饲料款和寄存款，如果能及早成交则可以省下这一笔开支，但他却压根儿没有去想这些问题，真可以说干了一件费力、费钱、费时的大蠢事。而且，对于错失时机造成的损失他永远也无法弥补回来。郑国人所犯错误的根源就在于当机会来到的时候，不能果断出击，而是优柔寡断，结果给自己造成了一定的经济损失。从这个故事中，相信人们一定能够体会到机会的很强的时效性这一特点。因此，任何人要想抓住成功的机遇，就一定要在机会来临的时候，果断出击，去主动捕捉，绝不能听任机会在自己面前溜走。

以上我们所谈论的是机遇的突出特点之一。机遇除了具有很强的时效性这一特点之外，它还有一个非常突出的特征，即很强的环境制约性。也就是说任何机遇都会受到环境的制约，在一定的环境中它有可能是机遇，而在另外的环境中它则不一定是机遇。因此，在捕捉机遇的时候还必须考虑到环境的影响，一定要培养出因地制宜地捕捉机遇或者因地制宜地创造机遇的能力，这样才能把机遇变成我们成功创业的阶梯。

让我们还是通过一些成功人士的经验，来加深我们的认识吧！

1984年在美国洛杉矶举办的奥运会，无疑是世界体育史上的一次盛会。这次奥运会不但以创造了许多世界纪录而名垂奥运史册，而且这届奥运会还创造了另外一个世界体育史的奇迹，而成为人们传颂一时的佳话，即这届奥运还成了百年奥运史上第一届赚钱的奥运会。而奇迹的创造者就是美国第一旅游公司副董事长尤伯罗斯，他也由于成功地把奥运会变成了赚钱机器而名扬全世界，成了一位家喻户晓的公众人物。

尤伯罗斯何以能够成功呢？说来并不复杂，他的成功就在于他成功地抓住了历史的机遇，他充分地利用了天时地利等一切能够利用的社会资源。他的成功就因为他深深地懂得机遇的奥妙，他是一位因地制宜的创造机遇、捕捉机遇的能手。他认准了美国社会高度商业化的这样一个环境特点，决定充分利用，把奥运会这样的体育盛会变成自己的摇钱树。比如，他利用奥运会这块金字招牌，抓住许多企业都想利用这次体育盛会宣传自己的产品的心理，一方面高价出售电视播放权，一方面加播广告，连火炬传递权都分段出售。仅火炬传递权此一项，他就从那些想出名的人们手里赚取了4500万美元。就是凭着这些有效的招数，这届奥运会非但没有花政府一分钱，反而赢得了2.5亿美元的巨额利润，从而一举扭转了1984年以前历届奥运会都亏损的历史状况。正因为尤伯罗斯开创了奥运会也可以赚钱的局面，国际奥委会为了表彰尤伯罗斯的功绩还专门为他颁发了一枚特别的金牌。尤伯罗斯真可谓名利双收，取得了非凡的成功。

从这件事上我们可以看到环境因素的确是制约机遇的重要因素。而真正能够成功的人，真正能够捕捉到机遇甚至创造机遇的人就是那些能够充分利用环境的人，尤伯罗斯的成功之处就是他十分有效地利用了奥运会在美国这个高度商业化的国家，这样一种特殊的环境里举办的机遇。并且他还积极地利用这一特殊环境为自己创造出了许多人都意想不到的机会，从而把这届奥运会办成了有史以来第一次赚钱的奥运会。

一个人要想依靠机遇取得事业上的成功，就得学会充分利用天时、地利等环境的优势，为自己创造机遇，从而帮助自己取得成功。

2. 利用环境，而不是受制于它

环境会塑造一个人的形象，影响一个人做事的方法。做事会取巧的人会让环境帮助自己成功，而不是受制于环境。因为，改变不了环境我们至少可以改变自己。

改变不了环境就改变自己，并不是敦促你改变自己去做环境的奴隶，而是要你在不能改变大环境的前提下，也绝不可做环境的奴隶去放任自己随波逐流，那样你终将一事无成。这也并不代表我们可以忽视环境对我们的影响，我们恰恰需要学会利用身边的环境，因为我们毕竟生活在一定的环境之中，不可能不受到环境的影响。

人的大脑是人体各种器官中最为精细、灵巧的器官，它每天都在从周围环境中摄取各种精神食粮。如同人体所需的各种食物会影响人的体型、对疾病的抵抗力乃至寿命一样，不同的精神食粮会使人的大脑产生不同的思维活动，这就需要你自己去把握，取己所需弃之无用。

我们身上的一些微不足道的小事，例如我们走路的样子、说话的语气、拿钢笔的姿势，我们对文学、对衣着、对音乐的爱好等都要受到环境直接或间接的影响。朋友之间相处的时间长了，你会惊讶地发现，人们之间的生活习惯慢慢地都接近了。一个聪明的人会有目的、有选择性地交一些朋友，而绝不是滥交泛交，那样不仅浪费精力而且浪费时间。更重要的是我们的个性、生活习惯、工作习惯、人生的目标都是由过去和现在的环境所造成的。

环境会塑造我们的形象，也会影响我们做事的方式方法。随着岁月的流逝，五年、十年、二十年的情况会有所改变。我们究竟会成为什么样子，你的事业会有多大的发展，跟我们的将来环境，也就是我们将来的精神食粮有着很大的关系。

为了我们将来人生的成功，使我们的形象符合我们人生的理想，能给我们带来满意和成就感，我们现在应该做什么呢？

如果你不想碌碌无为虚度一生，就应该在现有环境中去尽量发展自己，而挖掘自己人生价值的最好办法，莫过于观察分析周围的环境，去结交那些积极、向上、乐观、开朗的朋友，他们对你的影响是颇大的。所谓近朱者赤。虽然就我们所处的环境的主要因素人来说，你周围的芸芸众生可能面孔各异，但是你仔细地分析一下，你周围无非是这么三种人：

（1）安于现状的人

在他们的心灵深处，他们相信成功是幸运儿的专利，自己条件一般，没有这个福分。这些人占据了我们生活的绝大多数，也很容易辨认，因为他们都尽量掩饰自己，使别人相信他们很快乐。

（2）遇到挫折便偃旗息鼓的人

这些人刚刚成年时，非常向往着能取得人生成功，他们会正常工作并制定出一些个人的成功计划，但是经历了几年的磨难之后，他们的工作阻力就会逐渐加大，要再攀上一个新的台阶似乎很艰难，他们就会放弃努力，有些甚至会自暴自弃。可以说，这类人是被失败击倒的人。

（3）永远也不会屈服的人

他们绝不让悲观左右自己的人生，不屈从人生中的各种压力和阻力，不相信自己会浑浑噩噩地度过一生，他们活着的目的就是为了成功，而且他们也相信自己一定能获得成功。可惜的是，这类人在你的周围为数不多。

人人都希望自己是最后一种人，因为只有这样的人才能获得更大的成功，也只有这些人做事，才能达到预期的效果。

既然环境会塑造你的形象，影响你做事的方法，而你所处的环境中又有着三种人，那么，你若想成功，就要多接近那些积极成功的人，少和消极的人来往。

让环境帮助你成功，而不做环境的奴隶，有以下方法供你参考：

①重视你的环境。因为精神食粮对你的心理健康、培养你积极的心态有滋补作用。

②使你的环境为你工作，而不是拖你的后腿。不要让那些专门扯你后腿的人影响你，使你萎靡不振。不要让那些思想消极、肚量狭窄的人妨碍你的进步。那些幸灾乐祸、喜欢嫉妒的人时时都想看你摔得鼻青脸肿，不要给他们得意的机会。

③尽快请教你身边的成功人士。千万不要到劳骚满腹的人那里去征求意见，他们只会让你丧失信心。

④充实自己的心灵。多参加新的团体，挖掘值得你去做的新鲜事。

⑤消除你所受环境的负面影响，避免谈论是非。你当然可以谈论别人，但一定要是那些积极的事情。

⑥把每件事情尽可能地做到尽善尽美。

环境对一个人的影响是巨大的，若能利用环境，取己所需，弃之无用，乃成大事的策略。反之若随波逐流，甘做环境的奴隶，那么你将一事无成。

3. 创新者生，墨守者死

“创新者生，墨守者死”这是一条被无数事实证明了的真理。很多创业者就是不懂得这个规律，稍有成就就裹足不前，坐吃老本，不再创新，不再开拓，妄求保本经营，结果不到几年，就落伍了，被时代前行的波浪淘汰了。

革新与毅力结伴，迎来的会是事业的兴旺发达；保守与畏缩并举，将永远驶不出避风的港湾。

俗语说：“流水不腐，户枢不蠹”。对于创富的经营者来说必须永葆创新的青春，才能立足于商海。一旦你停止了创新，停止了进取，哪怕你是在原地踏步，其实也是在后退，因为其他的创富者仍在前进，在创新，在发展。

商海中的弄潮儿则永远以创新的姿态搏击风浪。他们是一群思想极端活跃者，他们有无穷无尽的创造性想像力。原因是他们首先进行扩散思考。所谓扩散思考，就如同洒水器喷水一样，它是对一个课题做多方面的联想。在提出足够的办法之后，再加以集中考虑，宛如经过凸透镜上的光聚集于一点的焦点，或组合成许多主意，或加以筛选，然后找出在现有条件下的最佳方案。思想活跃的人，采取的是先做扩散思考，而后再集中思考的两段思考，往往就能想出比他人更好、更可行的主意来。而一般人进行的则是“短路思考”，即把最先浮现的想法不加处理地付诸于实施，因而大多数流于无的放矢。与扩散思考相联系的是想像力。丰富的想像力是思想活跃者的财富、创新的源泉。在想像力中，最主要的又是空想与联想。

文艺复兴时，意大利的天才艺术家、科学家达·芬奇，曾遐想过人类也能像飞鸟一样翱翔在天空，这种遐想在当时被认为是空想，因为当时没有任何人认为是可行的，也没有任何人作过这样的遐想。然而达·芬奇却就此事做了种种空想，并画了草图，其中之一成了现今的日本航空公司社标。未过多久，达·芬奇的其他的一些空想图便具体化了，变为直升机，进而发展为喷气飞机、火箭。

所谓天才，就是指空想力丰富的人。不论是天才还是普通人，他们同样都有着空想力和以现实的道理思考问题的能力。不过，普通人只能以现实的道理去思考问题，因而，他们的空想力便逐渐萎缩；而天才却乐于运用空想力，在他思考事物时，首先求之于空想。他在遥远的空想彼岸抓住启示，然后再返回现实中来，所以，他的思想飞跃度极高。要想成为能够推出飞跃的创造性思维的思想活跃者，就必须学习这种运用空想的天才的思考法。

创新对企业经营的意义，如同新鲜的空气之于生命的意义。经营者应该不断地在管理上创新，产品上创新，技术上创新，企业形象上创新，以确保企业历久不衰。做一个有着天才创新思考的创富者吧！

一个乡下的腌菜店，发展成国际知名的食品加工制造商，而且能全靠个人力量、不拉外股的情形下完成，可算是经营上的一大奇迹。创造这一奇迹的是亨利·霍金士。

食品加工业是一个不太起眼的行业，但对消费者的影响却是直接的。为了时常调换消费者的口味，不让他们有吃腻了的感觉，要时常动脑筋创造新口味的产品，来刺激市场的销路。霍金士在这方面是个大行家。

“我要让所有口味不同的人，都有他们喜欢吃的食品。”这是霍金士的豪语。为达成他的这一理想，他经营的主要方针，一直都是“力求产品多样性”。迎合大众口味的产品要生产，适应特殊口味的产品也要生产。

“所有人都有权吃他自己喜欢吃的东西，不管他的口味是多么与众不同。”霍金士有一次对开发新产品的部门说，“供给每个人喜欢吃的东西，是我们从事食品加工业的义务。也许有些产品销路少，成本高，根本不赚钱，甚至算上积压货物还要赔钱，我们还是要供应。”

这种“赔钱也做”的生意经，公司的高级职员有很多人表示反对，但几十年来，霍金士始终未受这些反对意见左右，为该公司货色齐全的“金字招牌”奠定下良好的基础。据统计，现在该公司的产品种类已超过600种，虽然不能说对人们口味的适应已达到齐全的境地，但不管是酸甜苦辣，你总能找到一两种你喜欢吃的东西。

在开发新产品方面，霍金士有一项超时代性的创造，那就是“速成食品”的研制成功，这是他在一次偶然的事件中得到的灵感。

有一次，他到一个农庄里参加一个老朋友的宴会，在座的有不少主持家务的女士，当这些妇女们知道有一位食品制造专家在座时，她们对他发生了兴趣，所以大家都围在他的四周问长问短。

霍金士不厌其烦地一一回答，他觉得这是为自己产品做市场调查的好机会。因此，在满足她们的好奇心之后，他主动向她们提出了问题。

“各位觉得敝公司的产品哪一样比较好？”

有的说是“咸菜”，有的说是“番茄酱”，答案很多。

“敝公司哪些产品有缺点需要改进？”

这次的回答没有上次活跃了。倒不是她们客气，而是人们对常吃的东西已经习惯，不太容易找毛病。事实上，一种天天吃的东西，也不可能一下就找出它的缺点，因为如果你不喜欢吃它时，你早就不买它了。

冷场一会儿，一位年轻貌美的女士说：“我想在一般食品上，目前的种类和口味都差不多了，你何不在主食上动动脑筋？”

“请你原谅，这位女士，”霍金士笑着说，“我不太懂你的意思。”

“我的意思是，现在罐头食品，不管是果酱、水果，都打开来就能吃，但都是辅助食品，都是佐餐用的。如果能有一种主食，不用洗，不用烧，像罐头一样打开就能吃，不是很好吗？”

霍金士不停地眨动眼睛，沉思着问：“你何以会产生这样的感想？”

少妇有些不好意思地说：“我和我先生都是上班族，而且刚结婚不久，每天做饭都要花很久的时间，麻烦死了！如果能有一种简便的食品充饥，那就省事、省时多了。”

少妇抬头看看四周的人，带点解释的口吻说：“当然了，这只是我这个懒人在异想天开，也许实际上根本办不到，请各位别见笑。”

“说什么见笑，”几位太太异口同声地说，“我们还不是也常有这种感觉。尤其是孩子们临时饿了，或是先生有急事要赶时间，吃的东西做不好，真能把人急死。”

“现在就请我们这位大老板想想办法吧，”一位比较刁钻的中年女人说，“请你研究一种最简便的食物，就像冲泡牛奶一样人人都能做，为我们主妇们省去一些操劳之苦。”

霍金士兴奋地说：“这是个很好的构想！我想我一定可以办得到。”

回去后，霍金士把这一构想告诉了他的研究人员，着手研究速成食品之制造。他认为这是他推行食品多样性的政策中，一个极为重大的变化。

他早就看出，工业愈发达，人们的时间愈宝贵。因此，日常生活中的用品也就要愈简便省时。速成食品如能研究成功，必定会大受欢迎。

他的推测非常正确，当公司的速成食品上市时，的确使人有耳目一新之感。有用开水一冲就可以吃的通心粉，也有用水冲着吃的沙拉粉，为那些每天生活匆忙的人带来了不少的便利，虽然在口味上也许比一般烧做的要差一点。

由此可以看出，霍金士的经营方针走的是纯朴而坚实的路线。但他并不守旧，他以不断求新的精神，使农产品走向企业化经营的远大目标。

在原有的事物的基础上改进与创新，就是一件新发明、新创造。人无我有，人有我新，人新我奇，往往能创造出奇迹。

4. 想不如说，说不如做

心中有想法是好事，如果能说出来让大家知道，或鼓励别人去做未尝不可。然而，如果这个想法很好，为何不把做的机会留给自己呢？

法布利奥是纽约城里的一个摄影师，在经营摄影生意的道路上已有十几年，而且在这一行中已小有名气，但后来不知为什么，他突然改行开起美容沙龙了，这让很多人认为不可思议。

从利润方面来看，如果经营得法，摄影生意并不会比美容赚钱少。而且，就发展前途来看，摄影是属于艺术创作范畴，很受上流社会人士的喜爱，假如深入钻研下去，很可能在这一领域取得一定的成果。而做美容生意，整天为女人做头发、化妆，似乎不会有什么大出息，尤其在人力昂贵的美国，想要做这一行赚大钱也困难得很。

但是，法布利奥却采取了逆向而行的方式，竟然舍弃了十几年的老行当，加入到竞争激烈的美容业打天下，这种选择的确令人有些费解。虽然他现在住在纽约，而这里已经成为女人美容创新的领先地区，但仍有很多人为他的改行感到不解。

但是对法布利奥来说，再做摄影这一行似乎已没有什么挑战。几天以来他都为这件事思考着，一天晚上，他翻来覆去睡不着，于是便起身穿好睡袍，走到凉台上。他住在自己设立的照相馆的二楼，从这里眺望出去，纽约城依然灯火通明。这时虽然已是深夜，但街道上仍然有人来来往往，有的是在赶火车赶飞机，有的则是娱乐休闲。

他住的地方不是纽约最繁华的地段，如果要搬到百老汇一带去，夜间将会更繁华，对他开办新的产业也更有利一些……他思考着。

正当他这样胡思乱想的时候，突然，两个女人谈话的声音不经意间传进了他的耳朵。

“你看，我的头发乱得像草一样，连个整理的地方都没有，多寒碜，真让人烦恼。”

“我不也是一样，”另一个女人说，“所以我非常讨厌大清早就出门。”

“你知道美容院什么时候开门吗？”

“最早也要早上八点。”

“天哪！我这样蓬头垢面的坐飞机，到了芝加哥下飞机怎么见人呢？太气人了。”

“不要抱怨了，我们到飞机上，自己随便梳洗一下就算了……”

一会儿，她们的谈话声就被计程车带走了，消失在朦胧的夜色里，而法布利奥却呆呆地站在了凉台上。他的心绪突然被这几句话激活了，思想也开始沸腾起来，思索几天的问题，就在这瞬间找到了答案——他要开一家24小时营业的全天候美容院。

“其实，我早就该想到这个问题的。”法布利奥自言自语道，他的朋友毕林前几天在照相馆里面就提示过他了，而当时自己竟然没有重视，笨得直到现在才想到。

他回到屋里，坐在客厅的沙发上，仔细地思考这个刚刚进入他脑海中的问题。

从经营方式上来说，这个办法的确够新颖的。换言之，这个办法合乎现代创新经营的原则，可以放手一试。

大原则确定以后就应该设计具体的操作程序了。于是他开始分析实施这个计划可能遇到的一些问题和困难，以及如何来克服、解决这些难题。

他最先考虑的就是工作人员，所谓的“美容城”，实际上只有他跟太太两个人是美容师，如果保持一天24小时都营业，那么工作时间如何分配就成了一个大问题。

想来想去，惟一的办法就是赶快培养人手。

对于培养人手，法布利奥立即有了自己的计划和打算。为了追求“美容城”一流的技术和服务，必须提高现有的技术状况。为了保证技术和服务，今后所有的美容师都必须由自己亲自来训练，决不雇用外来的技术人员。另一方面，他还要把自己对“美”的理念灌输给他的工作人员，这是他在从事摄影艺术时就揣摸出来的心得。所谓“美”，并不是突出，而是和谐；也不单指局部，而是整体。

女人天生好美，不仅仅是把脸部化妆得好看就行了，而是要与她的发型、首饰、服装以及整体气质等相配合，才能产生交相辉映的审美效果。首先，法布利奥就为他的新行业立下了创新的工作原则。他认为，这是最重要的一点，一个优秀的化妆师，不是一个唯唯诺诺、一切都听从老板和客人吩咐的工匠，而是要在必要的时候，提出自己的看法，对客人提出积极的建议，同时也应当为“美容城”的发展献计献策。换句话说，一个优秀的化妆师，不仅是为钱而工作，更重要的他要成为每一位顾客的顾问，向那些不知道如何打扮自己的人，灌输追求美和时尚的要领和方法，并且还应当做好老板的“军师”。

其次，法布利奥认为必须加大宣传的力度。因为对于一家24小时都营业的美容院来讲，每一个开业时段都是宝贵的，一定要下大力气做一番宣传工作，让那些习惯夜间生活的人，都知道有这么一家全天候的美容院，在任何时间，都能为他们提供服务。

这时候天已大亮了。

法布利奥把自己的想法告诉了太太，而他太太听完法布利奥的设想后，便立刻对24小时营业的做法抱着一种怀疑的态度。但她也想到这不是需要投下很大资本的经营方式，如果不成功也不会有多大损失。她此时所担心的是，两个人轮班工作，会减少收入。因为轮班工作，就等于白天减少了一个人工作，而夜间的生意，又不知道情况会如何。

当然了，她的这种担心，也只有存在心里，不忍说出来打击她丈夫的积极性。因为法布利奥此时心中的一团烈火，正为即将展开的新事业而熊熊燃烧着，此时说泄气的话，无异于向他心头的烈火泼上一盆冷水，只能白白地引起他的反感，不会起到任何作用。

在生意开张的前两天，法布利奥展开了他的宣传活动。他分析了当地的具体情况，决定采取重点出击的策略，首先在百老汇各大戏院、电影院做广告，其他的广告一律暂时不做。

就这样他的生意开始了，起初生意并不太好，但法布利奥一点也不灰心，一有空闲，他就阅读美容书籍。等有了客人时，他就一面工作，一面琢磨客人的爱好和心理，并尽最大努力满足她们的要求，改进自己的服务。

在短暂的实践中，他摸索出了一定的规律，假如顾客是一个中年妇女，法布利奥总是利用美容方法使她看起来显得更年轻一点。假如顾客是一个艳丽的年轻女人，他就用各种方法使她显得端庄大方。如果是一个陌生客人进门，法布利奥一旦发现她的化妆有一点不足，他总是会很委婉地说："小姐，你的发型，要不要换一个新式样呢？"但是当客人表示犹豫的时候，法布利奥便会趁机进言："你看这样好不好？我替你另做一个式样看看，如果你认为不好，我再替你改过来，不必另收费用。"

他的这种方法很有效，很少有人拒绝他。而法布利奥以一个摄影师的审美观点，所修改的发型、所设计的美容形象，多半都能获得客人的赞赏。于是，法布利奥的信心更加坚定了。

随着生意的不断扩大，他发现虽然很多人爱美，但却有很多人不知道应当如何装扮自己，不知道如何化妆才会使自己显得更美丽。而且，有些人还特别固执，需要费很大的唇舌，才能使她们改变对自己不利的审美见解。

法布利奥曾经说：“对我而言，一个很美丽的女人，如果因化妆不当而使她变得丑陋，我认为这简直是暴殄天物，看到这种现象，我会很难过。”正是在这种认真工作的态度下，法布利奥美容城的生意异常的火爆起来，连他自己都不敢相信，“美容城”的名气会在很短的时间内传播得纽约城妇孺皆知。

法布利奥“美容城”的生意异常火爆起来。因为，一天24小时营业的全天候做法，给不少女人带来了很大便利。她们不必再因为美容院会打烊而去赶时间，或者因为做美容而耽误其他的事情，她们现在可以随心所欲地利用自己的便利时间去做美容，因为“美容城”的大门时刻都是敞开的。从另外一个方面来说，经常在夜间去做美容的女人往往都是一些业务繁忙、交际广泛的人，她们的感受会很快地传递给自己的各行业朋友。就这样，在很短的时间里，几乎全城的女人都知道了法布利奥的“美容城”。

几年下来，经过法布利奥的不断努力，他终于成为纽约最大、最有名的美容院的老板。他也因一次偶然的机缘完成了他人生的一次重大转变。世界上不是缺少机会，而是缺少发现机会的眼睛。当一个人只有经常睁大眼睛去观察周围事物的时候，他才能深切地了解到一个行业所具备的真正潜力，或者了解到整个行业的经营趋向，从中开掘出新的属于他自己的创业机会。

一个人的潜力是无限的，只有把全部的精力和热诚放在他所从事的事业上，既要多想，更要多做，他才有超越自身的可能，才能成为被命运之神垂青的宠儿。

5. 不要传统，要灵活

传统的理念总会束缚着人的神经，使人做起事来畏首畏尾，但有那么一部分人根本不受传统的桎梏，他们能突破传统的局限，把事情做得非常好。

现在分期付款买汽车已不是什么新鲜事，但在汽车销售行业仍是一条极其有效的销售策略。最先用这种方式销售汽车的人就是打破传统的人，事实证明了它的可行性。而这不算高明的“高明策略”也引领了一个时代的发展。

推销是一切经营活动的起点，这是任何一名推销人士必须承认的市场规则。

艾柯卡从做推销员的第一天起，就明白没有推销就没有经营的道理。而他本人在实践中也身体力行，丝毫不苟。他的事业的成功正是得益于他扎实的推销基本功和敏锐的思维，关于这一点，他从来都没有否认过。

艾柯卡一直都有一个梦想，那就是有朝一日能够成为福特公司的一员。1947年6月他终于如愿以偿，来到美国汽车制造业中心——底特律城，成为一名福特公司的见习工程师。

福特公司有一个传统的制度，这个制度规定每一个见习工程师必须在全公司各个部门锻炼，它的目的是要求工程师们在每个部门停留几天，熟悉制造汽车的每一个步骤。

艾柯卡对公司的安排表示理解，他很愉快地和同行们被分配到全球最大的制造厂锻炼学习。但是，现实远远没有他想像的那样美好，这并不是说他受不了这种苦，而是他接触不到自己所喜欢的营销部门。

在那里，艾柯卡仅仅待了9个月，在这期间，他从制模厂到试车厂，从铸造厂到采矿厂，从炼铁厂到汽车装配线，不到受训时间的一半，他就对制造行业失去了兴趣。因为这些训练不是他所期望的，他感觉自己的才华被白白浪费掉了，他渴望去的是销售部门而不是工程部门。

经过深思熟虑，艾柯卡终于决定向公司提出到营销部门的要求。公司很快就给出明确答复："我们希望你能留在福特，也不反对你的意见，但如果你决定走销售这条路，你必须先证明你的能力，出去推销你自己。"

艾柯卡很快就被分到在纽约区的汽车销售部，开始从底层柜台做起。尽管如此，他还是非常高兴，因为他可以从事自己喜欢的工作。

艾柯卡自认为遇上了好时机。他这种分析也不无道理。因为在"二战"时期不生产民用车辆，汽车成了当时的稀缺货，尤其是二战结束后的几年，汽车立刻成为抢手货，需求量大增，每一辆都以定价卖出，而且只多不少。

虽然艾柯卡的职位不高，但像纸片一样飞来的新订单却使他的工作举足轻重。他放下电话机，看着一辆辆全新的汽车到处走动，与众多希望成为百万富翁的汽车经销商打成一片，与他们共同分享推销技巧。

不久，艾柯卡就以其出色的业绩而被公司提拔为得州胡克贝茨城的经理。他和经销商继续保持了以往的密切合作方式，因为他明白这些经销商是美国汽车的灵魂所在，他们也是福特公司固定的销售渠道，因此他以最好的售后服务来回报他们。

艾柯卡在总结他的成功因素时说，这主要得益于他自己提出的化整为零的销售方式。

事情是这样的，1958年新型福特汽车刚刚上市之后，销路还没有打开，几乎收不到任何订单，尤以费城地区销路最差，迟迟打不开局面。

面对这种行情，艾柯卡忧心如焚，以前在费城当过几年推销员的艾柯卡一边推销汽车，一边进行市场调查研究。在这次调查中，他收获颇大，原来，并不是这个地区的居民不想买，而是他们的收入除去生活费以外，就所剩无几了，哪里敢奢谈买汽车。

艾柯卡经过研究，认为以往的销售方式大大地制约了公司的发展，只有改变才有出路。于是他决定打破传统的销售方式，针对这个消费层的顾客，他设计出了一种灵活多变的方法，即要他们在这些日常开支之后，再增加一项以日常开支方式购买新型福特汽车的办法，首先交相当于总售价15%的定金，以后在4年之内，每月付款58美元，在4年之后这辆车便属于顾客本人。

这种方式有很大的优点，它使那些工资不高的消费者敢于去购买。除此之外，他还为此配了一个既醒目又吸引人的广告："一个月只要付出58美元，就可拥有福特58型新车。"这句广告语一出，便起到了非常大的效果，打动了消费者的心。

短短3个月内，这种新型汽车在费城的销售量一路飙升，很快就居全美国各地区之首，艾柯卡也因此一跃而成为福特公司华盛顿地区的经理。

艾柯卡这一改变传统举动的高妙之处就在于他抓住了人们看重近利的心理，用"化整为零"的方法，宣传一个月只需58美元就可以买一辆新车，这无疑是一个对人们有很大诱惑力的宣传，因而获得了成功。

广告具有软硬之分，花钱做的硬广告虽然可以风行一时。但是，构思精巧的软广告却有可以传遍市场每一个角落的优势。艾柯卡正是这样一个善于运用软硬招数打开广告之门的人。

在很多顾客的心目中，艾柯卡是一个与他们非常亲近的人，他十分重视顾客的意见。每一款新车的问世，他想到的总是符不符合顾客的要求，总是请顾客发表意见，以便改进。

艾柯卡是真正为顾客着想的人，这种关怀是诚恳而发自内心的。他经常邀请所辖地区的顾客到汽车厂做客，并请他们对新汽车发表评论。在这些客人中，有收入比较高的白领，也有收入中下的蓝领。但艾柯卡对待他们从来一视同仁，没有高低贵贱之分。

有一次，当一些顾客对新型车发表感想之后，策划人员发现白领阶层的夫妇非常满意型号为“风神”的车型，而蓝领工人则认为车虽然很好，但买不起。

两种截然不同的反应引起了艾柯卡的注意，后来，他请他们估计一下车价，几乎所有的人都估价很高。他由此得出一个结论：“风神”车太贵就不会有很多人买。当他告诉客人“风神”车的实际价格只有2500美元时，许多人的第一反应都很诧异：“开玩笑？我要买一部！”

艾柯卡知道定价既是销售的一个重要环节，同时也是一门高深的学问。要制定一个既符合公司利益也使普通顾客能够接受的价格，最重要的就是要摸透消费者的心理。据此，他又出奇招，最后将“风神”汽车的售价定为2000美元。

当企业目标确定之后，艾柯卡频出妙招。

广告宣传活动就成为了开路先锋。艾柯卡是一个非常重视广告策划、宣传的企业家，为了推出这种新产品，他委托桑斯广告公司为“风神”的广告宣传工作进行了一系列的广告策划。

艾柯卡在新型“风神”车上市的第一天，就根据既定计划，安排180家权威报纸用整版篇幅刊登了“风神”车广告，旨在突出这款车的物美价廉。

这部车重点突出的是便宜的价格和良好的性能，这是最吸引人的地方，因此艾柯卡把广告定位在这一点上。在广告画面上：一部白色“风神”车在奔驰。在其右上方，大标题是“出人意料”，副标题为“售价2000美元”。这一步广告宣传，是以提高产品知名度为主，进而为提高市场占有率打基础。

艾柯卡还邀请各大报纸的编辑到迪特南斯为新车大造声势，他供给每人一部“风神”车进行大赛，同时还邀请200名记者亲临现场采访。这样还同时吸引了大量普通观众，间接地提高了产品的知名度。

艾柯卡的高明之处在于，他巧妙地使用了障眼法，从表面上看，这是一次赛车活动，实际上，这是一次极富广告意味的宣传活动。事后有数百家报纸、杂志争先恐后地报道了“风神”车大赛的盛况。

艾柯卡并不仅仅满足报纸传媒的造势。他把精心策划的宣传攻略，进一步拓展到了电视领域。选择电视媒体作宣传，其目的就是为了扩大广告宣传的覆盖面，提高产品知名度，从而使产品家喻户晓。从“风神”上市一开始，各大电视网就不厌其烦地每天重复播放“风神”车广告。

这部电视广告片也是经过周密策划的，而且艾柯卡还花巨资，启用了国内广告界最强的阵容。它是由汉森广告公司制作的，其内容是：在一望无垠的大沙漠中，一个渴望成为一流赛车手的年轻人，驾驶着漂亮的“风神”车在飞驰，随后飞扬的风沙逐渐形成了广告词“出人意料”。对观众成了强烈的视觉冲击，令每一个看过的人都久久难以忘怀。

艾柯卡的目标是让在每一个角落里的人都能了解“风神”汽车的优越性，因此他还竭尽全力在美国各地最繁忙的17个飞机场和360家假日饭店展览“风神”汽车。以实物广告形式，激发人们的购买欲，并且选择最显眼的停车场，竖起巨型的“风神”广告牌以吸引过往的行人。

在上述计划完好地付诸实施以后，艾柯卡还向全国各地几百万小汽车车主，寄送广告宣传单。此举是为了达到直接促销的目的，同时也表示公司忠诚地为顾客服务的态度和决心。

毫无疑问，艾柯卡导演了一部称得上具有铺天盖地、排山倒海之势的广告巨片，在上述几大步骤实施后的一周内，“风神”便轰动整个美国，风行一时。

在“风神”上市的第一天，就有超过数以万计的人涌到福特代理店购买或预定，大大突破原先设想的销售量，后来销售数字增加到20万部，取得空前的成功。

这一显赫的成绩，使艾柯卡一举成为“风神车之父”。由于策划有方，取得了成功，艾柯卡终于为公司所重用，被破格提升为福特集团的总经理，很多美国人把他看成是传奇式的英雄人物。

电视广告作为传媒业新兴的骄子有其无可比拟的优势，艾柯卡正是看中了这一点，在投入巨资的同时也得到了丰厚的回报。他不仅推销出一辆辆崭新的汽车，更把自己成功地推向企业管理的前沿。

“工欲善其事，必先利其器”，在“利”与“善”的因果关系链的终端就是令人心动的机遇。任何一名成功的营销人士都懂得理解顾客的客观处境，因为这对企业而言，就是制定灵活多变的营销政策的根据，也是企业发展的良好契机。

6. 条条大道通罗马

对于问题，根据具体情况做具体的分析研究，该勇往直前的就义无反顾地冲上去，但面临一些在当时情况下，我们无条件、无力量解决的问题时，我们可以理智地避其锋芒，“绕道而行”，不争一时之气。取得最终的胜利才是根本。

第二次世界大战时，有一位法国农学家奥瑞·帕尔曼特被德国人抓去做了俘虏。在集中营里，他曾经品尝过马铃薯，认为其味甘美。后来获释回到法国，帕尔曼特决定在自己的家乡种植马铃薯。

当时有不少的法国人都非常反对，尤其是那些宗教迷信者，把马铃薯视为“鬼苹果”，医生们也普遍认为马铃薯对人身体有害，连一些农学家也断言：种植马铃薯会导致土地贫瘠。

帕尔曼特说服不了他们。怎样才能使马铃薯顺利地推广起来呢？

1789年，帕尔曼特得到国王的特别许可，在一块非常低产的地方栽种了马铃薯。

春去秋来，快到马铃薯成熟时，帕尔曼特向国王请求，派一支身穿仪仗队服的国王卫队来看守这片马铃薯，当然是白天看守，晚上就撤回去了。这样一来，马铃薯成了国王卫队保卫的“禁果”。对此人们感到奇怪，而且经不起诱惑，每天晚上都有人悄悄跑来，偷挖这些“禁果”。大家尝过马铃薯的美味后，又偷出一些“禁果”把它移植在自己的菜园里。

于是，马铃薯顺利地在法国推广开来。

这里还有一个故事：

法国著名女高音歌唱家玛·迪梅普莱有一座非常漂亮的园林，山青水秀，林木葱郁，流水潺潺，鸟鸣啾啾，好一派迷人景象。

为此，引来不少人来这里度周末、采鲜花、采蘑菇、捉蟋蟀、观月亮、数星星，有的甚至燃起篝火，一边野餐，一边唱歌跳舞，余兴未尽者，干脆搭起帐篷，彻夜狂欢。因此，常常把园林搞得一片狼藉，肮脏不堪。

束手无策的老管家，只得按迪梅普莱的指令，在园林的四周围搭起篱笆，竖起“私家园林，禁止入内”的警示牌，并派人在园林的大门处严加看守，结果仍然无济于事，许多人依然通过各种途径用极其隐蔽的方式潜进去，令人防不胜防。后来管家只得再行请示，请主人另想良策。

迪梅普莱思忖良久，猛地想起，园林中不是经常有毒蛇出没吗？直接禁止游人入内不见成效，何不利用毒蛇做篇文章呢？她叫管家雇人做了一些大大的木牌立在园林的显眼处，上面醒目地写明：“请注意！您如果在林中被毒蛇咬伤，最近的医院距此15公里，驾车需半小时。”

从此以后，再闯入她园林的人便寥寥无几了。

从上面两个实例中我们可以看出，帕尔曼特推广马铃薯的种植也好，迪梅普莱禁止游人进入她的园林也好，“常规性的措施”已完全不起作用，只有采取借助其他因素，迂回曲折地走一下弯路，再用巧妙的办法解决了问题。

对于非常强大的敌人或障碍，如果我们没有必要的条件和充足的力量去打垮它，只是一味地直线前进，盲目蛮干，那是一勇之夫所为，轻则徒劳无功，重则头破血流，丢盔卸甲，甚至惨败。

反过来我们动动脑筋，变换一下思路，不去向强敌直接挑战，不去触动和攻击障碍本身，而是采取避实击虚，避重及轻的迂回方式，先去解决与它发生密切关系的其他因素，最后使它不攻自破，这样，比起硬碰硬的真打实敲，岂不更加有效？

7. 向乌龟看齐

“向乌龟看齐。”不是让你变得像乌龟一样缓慢、笨拙，而是教你要在聪明的基础上披上一层乌龟的外衣。所谓：“大智若愚”，所谓“韬光养晦”，让对手对你失去戒心，事情做起来就顺利多了。

兔子跑得飞快，乌龟则是兔子所戏称的“全世界跑得最慢的”动物。龟兔赛跑，胜败似乎是非常明显的了。然而，当兔子快速飞奔到某个地方后，自以为胜利在握竟放心地打起瞌睡来。结果，乌龟终于慢慢追上并超过了熟睡中的兔子，赢得了比赛的胜利。这是我们从小就耳熟能详的故事。

然而，我们不妨做个假设，如果兔子不在途中打瞌睡，那么不管乌龟再怎么努力都是不可取胜的。乌龟之所以能战胜兔子，完全是因为兔子在途中打瞌睡造成的。

兔子为什么打瞌睡呢？这是因为它轻视敌人，疏忽大意造成的。因此，我们不能认为乌龟是迟钝笨重的动物，相反，它是能使敌手失去戒心，趁其不备夺取胜利的聪明动物。

曾在报纸上看到过一位台湾同胞的文章，其中讲了这么一个故事：

“当我在一家百货公司上班时，曾经为了和某大企业家缔结合同拜访过好几次对方的府邸。

“虽然是万贯家财的大富翁，此人却非常小气。别家百货公司也曾经试着和他打交道，都不得要领，大家认为要使他成为百货业的客户是不可能的。但是，既然公司老板下令‘去看看！’我也只好来回奔波。

“某一天，不知道他吃了什么开心果：‘嗯，上来吧！’终于可以登堂入室了。原以为这一次该有好的回音，事实却不然。

“大概是无聊之极吧，‘当我还年轻的时候……’这个古怪的老头突然开始滔滔不绝地说起他如何从一介平民奋斗成为大富翁的经历。

“这一番话足足说了两个多钟头，客房是日本榻榻米式格局，对方正襟危坐，我当然也不能直膝或盘腿而坐，刚开始还能频频点头，注意地听，后来脚实在觉得酸疼，他的话已经变成耳旁风。30分钟后我的脚已经麻痹，过了一个钟头，我的额头直冒冷汗。

“‘今天就到此为止吧！’这个古怪的大富翁说完就站起来，我也打算站起来，不料下半身整个麻痹，一不留神‘砰’的一声跌得四脚朝天！

“大概是发出了相当大的碰撞声吧，女佣吓了一大跳，赶忙跑过来说：‘发生了什么事？’

“富翁看见我这个大男人竟然跌地不起，‘真是个没用的东西！’嘴上说着却笑得合不拢嘴。

“这个富翁终于成为我们公司的客户，这是因为怜惜我这个‘没用的东西’的结果。”

被对手兔子嘲笑为“迟钝”的乌龟能够赢得赛跑，而被笑骂为“没用的东西”的这位台湾朋友，也成功地完成了使命。相反，有些被谣传是“很能干”的人才，却因为自己的优点而断送了前程。

一般来说，伟大的人都喜欢愚钝的人，记住这一点不会错的。任何领导都有获得威信的需要，不希望部属超过并取代自己。因此，在人事调动时，如果某个优秀、有实力的人被指派任自己属下，上司就会忧心忡忡，因为他担心某一天对方会抢了自己的权位。相反，若是派一位平庸无奇的人任自己属下，他便可高枕无忧了。

因而，聪明的部属总会想方设法掩饰自己的实力，以假装的愚笨来反衬领导的高明，力图以此获得领导的青睐与赏识。当领导阐述某种观点后，他会装出恍然大悟的样子，并且带头叫好；当他对某项工作有了好的可行的办法后，不是直接阐发意见，而是在私下里或用暗示等办法及时告知领导，同时，再抛出与之相左的甚至很“愚蠢”的意见。久而久之，尽管在群众中形象不佳，有点“弱智”，但领导却倍加欣赏，对其大加重用。

在更多的时候，上司需要提拔那些忠诚可靠但表现可能并不是那么出众的下属，因为他认为这更有利于他的事业。中国有个古老的故事，叫“南辕北辙”，意思是说，目的地在南方，但驾车的方向却对准了北方，结果跑得越快，离目标越远。同样的道理，如果上司使用了不忠诚的下属，这位下属总是同自己对着干或者“身在曹营心在汉”，那么这位下属的能力发挥得越充分，可能对上司的利益损害越大。

第五章　以礼攻心，人情要储蓄

礼尚往来是人际交往中常见的现象，一方面可以互通有无，一方面可以增进彼此的感情。当今社会，送礼就是一种礼节，人情就是一笔储蓄。

1. 储蓄人情，时时做好

做事会取巧的人，懂得时刻储蓄人情，而不要它透支。因为当你需要人情，而手头却恰恰没有的时刻，就是要坏事的时候。

钱钟书先生一生日子过得比较平和，但困居上海写《围城》的时候，也窘迫过一阵。不得以辞退保姆后，一切家事由夫人杨绛操持，所谓“卷袖围裙为口忙”。那时他的学术文稿没人买，于是他写小说的动机里就多少掺进了挣钱养家的成分。一天500字的精工细作，却又绝对不是商业性的写作速度。恰巧这时黄佐临导演排演了杨绛的四幕喜剧《称心如意》和五幕喜剧《弄假成真》，并及时支付了酬金，才使钱家渡过了难关。时隔多年，黄佐临导演之女黄蜀芹之所以独得钱钟书亲允，开拍电视连续剧《围城》，实因她怀揣老爸一封亲笔信的缘故。钱钟书是个别人为他做了事他一辈子都记着的人，黄佐临40多年前的帮助，钱钟书多年后还报。俗话说：“在家靠父母，出门靠朋友”，多一个朋友多一条路。要想人爱己，己须先爱人。应当时刻存有乐善好施、成人之美的心思，才能为自己多储存些人情的债权。这如同一个人为防不测，须养成“储蓄”的习惯，这甚至会让子孙后代得到好处，正所谓前世修来的福分。黄佐临导演在当时不会想得那么远、那么功利，但后世之事却给了他作为好施之人一个不小的回报。

对于一个身陷困境的穷人，一枚铜板的帮助，可能会使他握着这枚铜板忍一下极度的饥饿和困苦，或许还能干番事业，闯出自己富有的天下。

对于一个执迷不悟的浪子，一次促膝交心的帮助，可能会使他建立做人的尊严和自信，或许在悬崖前勒马之后奔驰于希望的原野，成为一名勇士。

就是在平常的日子里，对一个正直的举动送去一个可信的眼神，这一眼神无形中可能就是正义强大的动力。对一种新颖的见解报以一阵赞同的掌声，这一掌声无意中可能就是对革新思想的巨大支持。

对一个陌生人很随意的一次帮助，可能也会使那个陌生人突然悟到善良的难得和真情的可贵。说不定他看到有人遇到难处时，会很快从自己曾经被人帮助的回忆中汲取勇气和仁慈。其实，人在旅途，既需要别人的帮助，又需要帮助别人。从这个意义上说，人生就是积善。

也许没有比帮助这一善举，更能体现一个人宽广的胸怀和慷慨气度的了。不要小看对一个失意的人说一句暖心的话，对一个将倒的人轻轻扶一把，对一个无望的人赋予一个真挚的信任。也许自己什么都没失去，而对一个需要帮助的人来说，也许就是支持，就是宽慰。相反，不肯帮助人，总是太看重自己丝丝缕缕的得失，这样的人目光中不免闪烁着麻木的神色，心中也会不时地泛起一些阴暗的沉渣。别人的困难，他可当做自己得意的资本；别人的失败，他可化作安慰自己的笑料；别人伸出求援的手，他会冷冷地推开；别人痛苦地呻吟，他却无动于衷。至于路遇不平，更是不会拔刀相助，就是见死不救，也许他还会有十足的理由。自私，使这种人吝啬到了连微弱的同情和丝毫的给予都拿不出来。

也许这样的人没有给人帮助倒是其次，可怕的是他不仅可能堕落成一个无情的人，而且还会沦落为一个可怜的人。因为他的心除了只能容下一个可怜的自己以外，整个世界都无需关注和关心，其实，他也在一步步堵死自己所有可能的路，同时也在拒绝所有可能的帮助。

战国时代有个名叫中山的小国。有一次，中山的国君设宴款待国内的名士。当时正巧羊肉羹不够了，无法让在场的人全都喝到。有一个没有喝到羊肉羹的人叫司马子期，此人怀恨在心，遂到楚国劝楚王攻打中山国。楚国是个强国，攻打中山易如反掌。中山被攻破，国王逃到国外。他逃走时发现有两个人手拿武器跟随着他，便问："你们来干什么？"这两个人回答："从前有一个人曾因获得您赐予的一壶食物而免于饿死，我们就是他的儿子。父亲临死前嘱咐过，如果中山有任何事变，我们必须竭尽全力，甚至不惜以死报效国王。"

中山国君听后，感叹地说："怨不期深浅，其于伤心吾以一杯羊羹而失国矣。德不期多少，其于及心。吾以一壶谈食而得士也！"即施怨不在乎深浅，而在于是否伤了别人的心。给与不在乎数量多少，而在于别人是否需要。我因为一杯羊羹而亡国，却由于一壶食物而得到两位勇士。

人情之微妙由此可见一斑。

2. 送礼的分寸和艺术

送礼可不是随便挑几件商品将对方打发，或者一股脑儿净挑好、贵物品填塞对方这么简单的事情，送礼也要因地制宜，因时制宜，这就是送礼的分寸和艺术。

送礼不仅要懂得分寸，更要懂得艺术。一个能把礼送出去的人，绝对是懂得做事如何取巧的人。

送什么，送多少，何时送，怎么送，都要有艺术。送得恰到好处是人情，送得不当是尴尬。不管是无意中送的礼，还是有意送的礼，都有一个让对方如何感受，如何认识的问题。所谓“千里送鹅毛，礼轻情义重”说的就是这个道理。

别小看这“一炭之热”、“滴水之恩”，这样的人情可得倾林相送，涌泉相报。

“人在江湖走，难免会湿鞋。”谁都会有需要别人帮助的时候。而我们在危难的时候得到别人的帮助，内心会感激不尽，甚至终生不忘。

三国争霸之前，周瑜并不得意。他曾在袁术部下为官，不过是一个小县的县令罢了。

这时候发生了饥荒，兵乱使粮食问题日渐严峻起来。居巢的百姓没有粮食吃，就吃树皮、草根，活活饿死了不少人，军队也饿得失去了战斗力。周瑜作为父母官，看到这悲惨情形急得心慌意乱，不知如何是好。

有人献计，说附近有个乐善好施的财主鲁肃，他家素来富裕，想必囤积了不少粮食，不如去向他借。

周瑜带上人马登门拜访鲁肃，刚刚寒暄完，周瑜就直接说："不瞒老兄，小弟此次造访，是想借点粮食。"鲁肃一看周瑜年轻俊朗，显而易见是个才子，日后必成大器，他根本不在乎周瑜现在只是个小小的居巢长，哈哈大笑说："此乃区区小事，我答应就是。"

鲁肃亲自带周瑜去查看粮仓，这时鲁家存有两仓粮食，谷三千斛，鲁肃痛快地说："也别提什么借不借的，我把其中一仓送与你好了。"周瑜及其手下见他如此慷慨大方，都愣住了，要知道，在饥馑之年，粮食就是生命啊！周瑜被鲁肃的言行深深感动了，两人当下就交上了朋友。

后来周瑜发达了，当上了将军，他牢记鲁肃恩德，将他推荐给孙权，鲁肃终于得到了干一番大事业的机会。

对身处困境的人仅仅有同情之心是不够的，应给以具体的帮助，使其渡过难关，一种雪中送炭、分忧解难的行为最易引起对方的感激之情，因而形成友情。

那么，怎样才能掌握好送礼的分寸和艺术呢？

（1）不可过分给予。因为饮足井水者，往往离井而去，所以你应该适度地控制，让他总是有点渴，以便使其对你产生依赖感，一旦对你失去依赖心，或许就不再对你毕恭毕敬了。

（2）不要对别人的恩情过重，这会使人感到自卑乃至厌倦你，因为他一方面感到自己无法偿还这份人情，二来觉得自己无能。

（3）不妨对别人施以小恩小惠，不要让对方以为你在故意讨好他，否则，你施与的"人情"也就不值钱了。

（4）对方不需要时，不要"自作多情"，因为这时你送人情会让对方感到多余，对方可能并不领你的情。

（5）送人情不能临时抱佛脚。对方知道你有比较重要或麻烦的事要托他，你遇事抱佛脚而施与人情也是不值钱的，至多能把你所托之事办下来，下次有事再托，还要重新送上情分，就像人情买卖一样，一把一利索。倘若对方办不了此事，或者你送的人情太小气，抵不过对方所要付出的代价，对方也不会轻易领你这份情。甚至干脆回绝你这份情，让你讨个没趣或尴尬。

3. 放长线，钓大鱼

交友要有长远眼光，尽量少做临时抱佛脚的买卖，而要注重有目标的长期感情投资。同时，放长线钓大鱼，必须慧眼识英雄，才不至于将心血枉费在那些不中用的庸才身上，日后收不回本。

不知你有没有过这样的经验：当你遇到了困难，你认为某人可以帮你解决，你本想马上找他，但后来想一想，过去有许多时候本来应该去看他的，结果都没有去，现在有求于人就去找他，会不会太唐突了？甚至因为太唐突而遭到他的拒绝？

友情投资，宜走长线，拜拜冷庙，烧烧冷灶，平时多烧香，哪怕是只言片语的问候，亦是交友之道。

（1）闲时多烧香，急时有人帮

现代人生活忙忙碌碌，没有时间进行过多的应酬，日子一长，许多原本牢靠的关系就会变得疏远，朋友之间逐渐淡漠。这是很可惜的。这就需我们大家一定要珍惜人与人之间宝贵的缘分，即使再忙，也别忘了沟通感情。

有位刚去美国的朋友来信说：

“我们在这儿没有什么社交生活，我们难得去看看朋友，这当然是因为我们初到异境，认识的朋友不多，但后来我听说，其他的人也一样……

“我们每星期工作五天，星期六和星期天都去郊外，这是一种家庭式的生活。就是说，要去郊外，就跟自己的家人去。

“我们不能利用假期去探望朋友，因为一到假期，谁都不在家，除非朋友患病在床……

“平时我们也不可能利用下班后的时间去看朋友，因为交通太挤。

“但我们常常和朋友通电话，这是我们惟一可以应酬朋友的方法，我们无事也打电话，哪怕是寒暄几句，或者讲些无关紧要的事。

“但有事情时，我们会立刻聚在一起的，比方上星期我儿子肚子痛，我急忙打电话给友人江医生想办法，他马上驾车从70公里外赶到，初步诊断，认定我儿子患了盲肠炎，就用他的车子送孩子进医院做了手术……”

有事之时找朋友，人皆有之，无事之时找朋友，你可曾有过？

法国有一本名叫《小政治家必备》的书。书中教导那些有心在仕途上有所作为的人，必须起码搜集20个将来最有可能做总理的人的资料，并把它背得烂熟，然后有规律地、按时去拜访这些人，和他们保持较好的关系，这样，当这些人之中的任何一个当上总理，自然就容易记起你来，大有可能请你担任一个部长的职位了。

这种手法看起来不大高明，但是非常合乎现实。一本政治家的回忆录中提到：一位被委任组阁的人受命伊始，心情很是焦虑。因为一个政府的内阁起码有七八位部长，如何去物色这么多的人呢？这的确是一件难事，因为被选的人除了有一定的才能、经验之外，最要紧的一点，就是“和自己有些交情”。

和别人有交情才容易得人赏识，不然的话，任你有登天本事，别人也不知道。

（2）友情投资，宜走长线

做人做事，不可急功近利。友谊之花，须经年累月培养。

善于放长线、钓大鱼的人，看到大鱼上钩之后，总是不急着收线扬竿，把鱼甩到岸上。因为这样做，到头来不仅可能抓不到鱼，还可能把钓竿折断。

他会按捺下心头的喜悦，不慌不忙地收几下线，慢慢把鱼拉近岸边；一旦大鱼挣扎，便又放线，让鱼游窜几下，再又慢慢收线。如此一收一弛，待到大鱼精疲力尽，无力挣扎，才将它拉近岸边，用提网兜拽上岸。

求人也是一样，如果逼得太紧，别人反而会一口回绝你的请求。只有耐心等待，才会有成功的喜讯。

某中小企业的董事长长期承包一些大电器公司的工程，这位董事长的交际方式与一般企业家的交际方式的不同之处是：不仅重视公司要人，对年轻的职员也殷勤款待。

谁都知道，这位董事长并非无的放矢。

事前，他总是想方设法将电器公司中各员工的学历、人际关系、工作能力和业绩，做一次全面的调查和了解，认为这个人大有可为，以后会成为该公司的要员时，不管他有多年轻，都会尽心款待。这位董事长这样做的目的是为日后获得更多的利益做准备。

这位董事长明白，十个欠他人情债的人当中总会有几个能给他带来意想不到的收益。他现在做的“亏本”生意，日后会利滚利地收回。

这样，当有朝一日这些职员晋升至科长、处长、经理等要职时，还记着这位董事长的恩惠，因此在生意竞争十分激烈的时期，许多承包商倒闭的倒闭，破产的破产，而这位董事长的公司却仍旧生意兴隆。

4. 送礼要送到心坎上

送礼送得恰当，就会收到非常好的成效，它不仅让受礼人接受得轻松、愉快，而且送礼者自己也会很开心。礼品是感情的一种载体，一个人要学会根据不同的人、不同的事和不同的地方来施礼，所以这也是社交礼仪中的一个规范行为。

不管是什么样的礼品都是表示送礼人特有的心意，或表示酬谢、或有求于人、或联络感情等等。所以，对于礼品的选择，要符合这一规范要求，要针对不同的受礼品者的不同条件来进行区别对待。你选择的礼品必须与你的心意相符，让受礼者感觉到你的礼品是不同寻常的，所以就觉得非常的珍贵。

一般情况下，对家贫者送礼，要以实惠为佳；对富裕者来说，要以精巧为佳；对恋人、爱人、情人，要以纪念性为佳；而对于朋友，要以趣味性为佳；对于老人，要以实用为佳；对于孩子，要以启智新颖为佳；对于外宾来说，就要以那种很具特色的礼物为佳。

还要牢记住的一点就是，礼物的好和坏是不能仅仅用金钱来衡量的。一个好的礼物不一定就是价值不菲的，所以在送礼物的时候只要动动脑筋仔细想想的话，相信你能够想到一种既经济又能够把你的情感传递出去的有意义的礼品。

最好的礼品是要根据对方的兴趣爱好来选择的，选择礼品的时候要考虑到它的思想性、艺术性、趣味性、纪念性等多方面的因素，力求达到别出心裁，不落俗套的效果。

当今社会，中国传统的习俗讲究人际交往礼尚往来，直至今日仍被公认并保留着。特别是求人办事，有时确实要送人礼物。但送礼时应该想一想究竟谁才是你要送的对象。

送礼是一门特殊的艺术，它能反映出感情投资者的一种文化和教养、交际水平，还能反映出他对对方的一种了解程度、关系的远近。但有的时候也会因方法不当、时机不对、礼品不妥而事与愿违，反而人情未结，芥蒂又生，真是划不来的。

所以，要思量好各位“重要人物”的作用了，看他们谁对这件事有主决定权，起裁决作用，谁是办事的关键人物就把礼物送给谁。这时，礼物送到点子上了，要办的事情可能也就迎刃而解了。但反之，如果把礼物送给了不相干的人，就会收到不同于现在的成效了。

送礼的目的，就是要让收到礼物的人感到高兴，让自己所求他办的事得到满意的答案。这时，就真得要动动脑筋了。送什么呢?

比如说，有的人喜欢喝酒；有的人爱好吸烟；有的人很有艺术品位，他们对字画、古董、一些世界名著等情有独钟。只要懂得了他的喜好，送上他喜欢的礼物，他才会动心和动情，这样他才会拿出精力为你办事。

给人送礼一定要依据自己要办事的大小，如果要是事情较大的话，对自己的利害关系也很大的时候，就应该多送一些，如果事情不大，就可以适当的少送一些。

有时也要根据对方要出力的大小、费周折和所承担的责任风险大小来确定礼物的轻重。要是事情难办，比较费力，所承担的风险较大，那不用说就要多送一些，反过来，少送一些就行了。

最后，则要依据当时社会的消费水平了，按平常的情况来说，送礼的多少要与当时的社会风气和个人所得有关。

送礼的场合是可以随机应变的。有很多人特别喜欢选择在晚上到对方家里，但这未必是最好的拜访时机，因为晚上的时间，很可能对方不在家，送去了礼物却未见到要见的人，真的是很遗憾。也许在家，但又有别的客人在，所以即使带了礼物也不会如你所愿。最好的时间就是在他（她）上班还没动身之前，这样既没有旁人的打扰，又可以把他（她）堵在家中。

其实，送礼的关键还是要有适当的理由。在送礼时总要有一个恰当的理由，没有理由的送礼，别人如果碍于面子，碍于外界的谈论而推脱，这时就更加的麻烦了。

但有了理由就好办，比如说在对方生病、生日、子女考上好的学校等这些特别的日子，就是送礼的最好时机。因事出有因，名正言顺，所以对方比较容易接受，在谢你的同时，也不会有太多的顾虑。

这时礼是送到了，可你来的目的还没实现呢。你千万不要说："我送礼其实是想让您帮忙办点儿事。"如果这样说，对方肯定是不会接受的。怎么办呢？这时也不要过于死板，只要找一个恰当的理由，让对方收下礼再说。

比如，如果有对方的孩子在旁的话，你就可以把这礼物推到孩子身上，说："这东西是给孩子买的，和您没关系，就是不找您办事，随便来串门也应该给孩子买点东西嘛。"

再者还可以把这件事推到不在身边的爱人身上，说："您看这，我就说嘛，找您办这事用不着拿这些东西，但我爱人说啥也不听，非让我拿着不可。您看这东西也拿来了，就放您这儿吧，要不然等我回去，她又说我不会办事，没法交代不是。"

同时还可以把这事归到朋友的身上，可以这样说："这东西是我朋友给你买的，我也没花钱，咱把事给他办了，就啥都有了，咱也不用太跟他客气。"再有更高的方法就是把理由推到对方存在的"难"处，你可以说："你给办事就够意思了，难道还要让您花钱破费不成？这钱呢，您先拿着，必要时候替我打点一下，不够时我再给您拿。”关系更近一步的还可以再和他套套近乎：“我知道，咱俩之间办事哪还用得着这，但万一有急用呢，还是先放你这，用就用了，不用你再给我不一样嘛。”在这种带有人情味的方法中，不仅让对方听了觉得特别的舒服，而很有把握把礼物收下而不是拒绝。那么所托的事自然就好办多了。

在现在这个五彩缤纷的社会里面，人们年复一年地在礼物上花费大量的钱财，每年都又增添一些送礼的节日，从祖先的诞生日到你邻居家小猫小狗的生日，真可谓是面面俱到了。

有时候为了能够买到合适的礼品，很多人都会感到自己的时间和想像力还是不够太丰富。有些人甚至还会一下子买回大批同样的东西，再分别送给不同的人。这样的做法往往是收不到效果的，因为同样的礼物是不适合送给所有人的。

所以，做到少花钱办好事这才是最为重要的。真的掌握了送礼艺术的人不会简单地用礼品去讨好别人或者是去尽义务，他会用比较适当的方式把他所要传递的信息比较准确地传递出去。

有时礼物能不能送出去，也是很令人头痛的事情，有时对方不愿接受，或严词拒绝，或婉言推却，或事后送回。这样的话，对送者来说是十分尴尬的事不说，还弄得个钱是花了，事还没办成。那么，怎样才能防患于未然，一送就行了呢？这时就可以根据具体的情况而定了。

（1）借花献佛

假如你给对方送的是一些土特产品，你可说是老家来人捎来的，分一些给对方尝尝鲜，东西不多，又没花钱，不是特地的给他买，请他收下，一般来说受礼者那种因盛情无法回报的拒礼心态可望缓和，会收下你的礼物的。

（2）暗渡陈仓

如果说你给对方送的是酒一类的东西的话，千万不要谈到“送”字，可以说是别人送你两瓶酒，来和对方对饮共酌，请他准备点菜。这样喝一瓶送一瓶，关系也近了，礼也送了，还不露痕迹，岂不妙乎。

（3）借马引路

有这样的情况，你想送礼给人，而你与对方却又八竿子拉不上点关系，不好直接去送，你不妨选受礼者的生日、婚庆，邀上几位熟人一同去送礼祝贺，那样一般受礼者便不好拒绝了，当事后知道这个好意是你出的时，必然会改变对你的看法。借助大家的力量达到送礼联谊的目的，实为上策。

（4）锦上添花

一位学生因为受到老师很多的照顾，一直都想回报，但是又苦于没有机会。一天，他偶然发现老师红木镜框中镶着的字画竟是一幅拓片，跟屋里雅致的陈设不太协调。

正好，他的叔父是位在全国小有名气的书法家，手头正有他赠的字画。这位学生马上把字画拿来，主动放到镜框里。老师不但没反对，而且喜爱非常。学生送礼回报的目的终于达到了。如果不能“雪中送炭”，“锦上添花”也是良策。

（5）异曲同工

有的时候送礼不一定非要自己掏钱去买，然后再大包小包地把它们送过去，其实有很多时候，人情也是一种很好的礼物。

例如，你通过了一些关系买到出口转内销、出厂价、批发价或者优惠价的东西，当你为朋友、同事买了这些东西以后，他们也会在拿到这份东西的同时，把你送他的那份“人情”当成礼物收下了。在这件事情上，你没有花分文，只不过搭上点人情和工夫，这样所收到的效果和送礼是不一样的。受礼者因交际而花钱，收东西时心安理得，毫无顾虑，送“情”者无本万利，所以说是自得其乐又能有效沟通。

5. 人情也可拿来做生意

生意场上免不了你来我往，这就要在生意之外来点感情投资，多一点关心，多一份帮助，当自己不顺利的时候，自然会有人助你一臂之力。

人是有感情的动物，而且最容易被感情所左右。虽然生意场上以利益为重，不讲情面，但是，通过人情做成生意的却大有人在，关键看你怎样利用人情来为自己做事了。

日本大神机电在沪登报征聘华籍高级雇员。不满30岁的张先生凭一口自学的流利日语，轻松地通过考试，当场被聘为业务代表。

上班第一天，商务处主任大竹先生向张先生详细介绍任职后的工资、待遇、补贴、福利，去日本联系业务的机会以及晋升的可能。大竹又对张先生说："请张先生多多为大神出力，拜托了！"说罢恭恭敬敬地鞠了一个九十度的躬。张先生深受感动，连忙起身还礼，并暗暗地下了决心：一定要做好。

张先生果然成功了，三年以后被提升为驻沪商务处的副主任，当上大竹深可依赖的副手。

当然，张先生能这么顺利，全靠平素的经验积累和勤于思索，尤其是第一次出马就走弯路的教训，给了他有益的启示。那是张先生首次代表日商与上海一家五金公司洽谈中国钨砂的购销业务。钨是冶金、机电、电子、航空、航天工业的重要原材料。中国钨砂品位居世界之最，一向被国际市场器重，也是中国五金矿业的免检产品。但由于某西方国家的作祟，中西方的一些官方进出口渠道不是很畅通，于是，民间的转口贸易就成为外商眼热的生财之道。此番大神公司上海办事处派张先生登门，意在征询试探。他走进这家公司的业务科，见四处胡乱地堆着杂物，办公桌上散着碗筷，有的在看报纸，有的在闲聊，有的在电话里谈私事，却没有一个人接待他。张先生掏出美国烟散了一圈，才被告知科长不在，继续遭冷落。过了一会儿，一个打完电话的小伙子有些不好意思了，上前搭话。

张先生极想通过这个小伙子促成交易，尽力把涉及的双方利益全都说得清清楚楚、详详细细。可小伙子听完后却摇摇手，说自己“做不了主”。张先生又介绍了促成这笔生意的方法、步骤。小伙子又笑了笑说：“不要讲那么多，生意成不成对你关系很大，对我没有一丝一毫的好处，我不会多拿一分钱的奖金。”

为了等待可以做主的科长回来，张先生就与小伙子闲谈起来。话题慢慢地由电影扯到歌星，张先生说自己认识香港某著名歌星的经纪人，小伙子立刻来了精神，称赞张先生“脑子活络”。张先生是上海人，当然知道这句上海话中隐藏着的那种涵义，他当即拍胸脯许诺：下午就送几张这个歌星在上海举办演唱会的票子来。这一招使小伙子竟有些眉飞色舞了。

张先生虽没有搞到歌星演唱票的路子，但讲信用。从五金公司出来，他驱车赶到体育馆门口，高价买了10张黑市票，再折回五金公司业务科。小伙子惊喜了，全科人员也开始重新认识张先生。于是，热气腾腾的香茶端来了，亲热的脸庞凑近了，并且不再把他当成外人。

“慢慢来，跟我们公司做生意，总是开头难……”小伙子劝慰张先生。科里的其他人也七嘴八舌地告诉张先生：“只要能跟我们业务科搭上线，这桩生意随便你怎样做，公司头头没有一个懂业务，关键是叫他们愿意跟你做买卖。”张先生当即答道：“我想办法再弄点演唱会的票子……”“这对头头没有用。”小伙子断然否定。张先生一脸沮丧，掏出十几只进口一次性打火机分送给每个人，请求帮助。

同乡之情最容易贴近，洋买办在自己面前是个弱者，更能使上海人的自尊心获得满足并慷慨地付出同情。业务科的人替张先生出谋划策了：“只要张先生把日本老板带到公司里来，公司领导就不得不出面接待，到那时大伙帮着说说，再特别强调一下你们商社是我们公司的老关系户，成交就不困难了。”

在张先生的疏通下，事情很简单也很成功。公司头头见到了日本人，表现出极大的热情，双方拍板成交仅用了不到一个小时。

张先生经他人之手导演的反客为主，恰好符合中国的国情——倘若只是打通上层，那将面对下面各个环节的困阻，未必能办成事情；假如仅仅疏通下层部门，也不一定能与当权者签约，因为下面的人为避嫌而不肯多说话；惟有借助于以内为外、以外为内的角色移位，才能达成交易。

此后，大神株式会社驻上海商务处很快成为上海这家五金公司的主要外销渠道，而上海这家五金公司也逐渐变作大神株式会社驻沪商务处的重要业务支柱。虽然双方还算得上互惠互利，但谁又能算得清是否利益均等呢?

在生意场上，有时候希望渺茫，你不妨先与对方周围的人交朋友，增进彼此的感情。然后，再靠这些人做“内应”，事情往往就能办成。

人情在任何时候都适用，它如同做菜时用的盐，如果少了，则淡之无味，放得多了，则难以下咽，任何人也不会有食欲。做事会取巧的人，懂得把人情做得恰到好处，让人食之如甘饴。

6. 远亲不如近邻

邻里关系，在于平日培植，平日互相帮忙、互相照应，一旦有事相求，邻居岂会不倾力相助？

在与邻居交往过程中，要谨慎持守舍己为人、亏己利人、薄己厚人、损己益人的原则，别人就会心悦诚服。

老子说过：尽力照顾别人，我自己也就更加充实；尽力给予别人，我自己反而更加丰富。这就需要至诚，以最完美的德来辅这个最崇高的诚，使它感人至深。他人有恩德于我，虽是一碗饭的施舍，不能忘记；我有恩德于他人，虽是生死之恩也不能企望报答，也不能向他人提及。这也就是古代圣人所说的“施恩德于人不望回报，受到他人施的恩惠千万不能忘记”的道理。

孔子也说：以我的贵而能贵他人的人，想贱也不可得到了；以我的达而能达他人的人，想穷也不可能了。

如果我们在平常的时候与邻里不相往来，只有在有求于他时，才“临时抱佛脚”，那是绝对不可以的。

有很多的人都是这样想的，求人是一种短平快的交易，何必花那么多的冤枉心思去搞马拉松式的感情投资呢？

这是一种十足的目光短浅行为，俗话说得好：“平时多烧香，急时有人帮”；“晴天留人情，雨天好借伞”。真正善于求人的人都有长远的战略眼光，早做准备，未雨绸缪，这样在紧急状况时就会得到意想不到的帮助。

款待或送礼物给那些对你来说有直接利害关系的人，怎么款待，怎么送礼，什么时候款待，或什么时候送礼，这里面很有学问。

别人给你帮过忙之后，再将礼物送去，对方一定认为这是天经地义的事。如果没有拜托人家办事，并将礼物煞有介事地送去，受礼者的想法就会大不一样。送礼给刚上任的总经理与送礼给即将调离的总经理，其效果也大有区别。

好的人脉关系是求人成功的基础，但好关系的建立不是一朝一夕就能做到的，必须从一点一滴入手，依靠平日的积累。

古人说："积土成山，风雨兴焉；积水成渊，蛟龙生焉。"只有通过不断地构建和经营，人际关系才能牢固。有了"铁"关系垫底，何愁求助无门？

邻里相处，经常打交道，难免出现磕碰，这样容易造成邻里关系不和睦。热心调解邻里纠纷，你就一定能赢得邻居的尊重。如此一来，当你需要邻居帮助时，邻居就一定会乐而为之。有一个好邻居，可以帮自己解决麻烦的家务事；好邻居会为和谐的邻里关系而努力，当别人家有了不愉快的事，会全力帮助解决。因此，当家里有事时，托邻居帮忙解决是很好的一个途径。

在一个小城市，有这样一对夫妇，女人是个善良温柔的好妻子，和丈夫生活得很幸福。而他们的邻居是性子比较急躁的人，爱发脾气，心情不好时，会与家人吵架，甚至大打出手。而他们并没有袖手旁观，在他们适当的劝解下，邻居终于和好。

他们安排邻居妻子住在自己家，邻居丈夫一开始还赌气。自己给孩子做饭，忙里忙外。夜深人静时，他才体会到妻子的温柔体贴，妻子总会在自己忙得不可开交时倒一杯热茶，总把家收拾得井井有条，妻子轻柔的话语比谁的安慰都重要。他终于意识到自己并不是不爱她，只是妻子脾气暴了点。

他以为妻子住在了朋友家，但到处找都找不到。后来，才知道妻子住在邻居家。于是，他过去赔礼道歉，后来二人重归于好。

在那几天中，他们不断地安慰那个吵架的妻子，她也想到了丈夫对她的体贴关怀，已经不再责怪丈夫。

在这件事发生的整个过程中，邻居的确起到了非常重要的作用。如果没有邻居的帮助，很难想像事情会发展到何种程度。

邻里和睦，相安互助；邻里交恶，屡起风波。只有邻里关系和睦，才能在日常的相处中互相帮助。如果平常邻居就矛盾重重，那么，你有事向邻居求助时，他又怎么能帮你呢?

7. 为自己储备几个“生死之交”

“生死之交”不是“狐朋狗友”，更不是“酒肉朋友”，朋友不在多而在精。不仅要有福同享，更要有难同当。

有句话叫：“生意好做，伙计难找。”伙计不易找，而寻找一位能独当一面、协助自己成功的朋友尤为困难。

美国著名的百货公司萨耶·卢贝克公司的创始人之一——理查德·萨耶是靠做小生意起家的。他做梦也没有想到最后生意能做得这么大。他一生最大的长处，也是他成功的最主要因素，就是他善于寻找和利用朋友。萨耶起初在明尼苏达州一条铁路上当运送货物的代理商。这种代理商共同的烦恼就是：有时收货人认为货不好，拒收送到的货物，若再将货物带回，就会倒赔一笔运费。萨耶灵机一动，想出了一个新招——邮寄。这样不仅退货率大为降低，也为买主增加了便利。这种“函购、邮寄”的方式获得了意外的成功。

他的生意必须扩大规模，否则，别人利用他创造的这种经营方法，很可能赶到他前面去。他挑选了将近五年，终于找到了一个叫卢贝克的人，以两个人姓氏为名的世界性的大企业“萨耶·卢贝克公司”终于诞生了。两个人密切合作，公司第一年的营业额就比萨耶独自一人时增加将近十倍，达四十万美元。第二年的发展更快，这种发展速度不仅为二人始料未及，而且使他俩明显地感到了力不从心了。卢贝克说：“我们何不请一个有才能的人参加我们的生意？”

萨耶一直把当年发现卢贝克看成是一大快事，对他的这个建议由衷赞许：“好吧，我们为我们的生意找个老板。”为上百万元的生意找个经营人，实在比找伙计困难多了。

不久，他们就有些泄气了，这种大将之才，实在是鬼雄人杰，本来就是很稀少的。即便真有这种人才，恐怕也早被别人拉走了。萨耶和卢贝克几次三番谋划，决定开阔视野，到一般的小商人中去寻找。

这也是因为大公司的经理一般不屑于经营他们的“杂货铺”，而在平凡的人物中选拔适当人才委以重任，他一定会尽全力报效，不会像重金礼聘的知名人物，即便请来了，也只是抱着“帮帮忙”的心理。

有一天，一个经常来这里进货的布贩子进入了他们的视线。那天，萨耶与卢贝克正好路过一家布店，只见人群拥挤，争先恐后地在抢购。等他们走近一看，才知道比任何人想像中的都绝。店门前贴着的大纸上写道：衣料已售完，明日有新货进来！那些拥挤抢购的女人，惟恐明天买不到，在预先交钱。伙计解释说，这种法国衣料原料不多，难以大量供应。萨耶知道这种布料进的不多，但并非因为缺少原料，而是因为销路不好没有再继续进口。看到对女人心理如此巧妙的运用，以缺货来吊时髦女人的胃口，他实在觉得这个布贩手法高人一筹，令人折服。

“虽然不知他长的什么样，也不知他是老是少，但我几乎可以肯定，这个人就是我们要找的人！”萨耶和卢贝克都这样认为。然而，当他俩与店主见面时，却大出意外，不禁面面相觑。原来他就是经常到他们店里贩布的路华德。他们彼此已认识好几年，从没有深谈过，并且路华德也从未有过什么特别的举动，因此萨耶和卢贝克对他也就没有什么特殊的印象。直到这次，他们把对方细细打量一番，才发觉他的目光中有一种说不出的神采飞扬，具有强大的吸引力。寒暄之后，萨耶开门见山：“我们想请你参加我们的生意，坦白地说，想请你去当总经理。”

当上总经理的路华德为报知遇之恩，经常废寝忘食地工作，果然不负重望，很快就取得了惊人的成就。萨耶·卢贝克公司声誉日隆，十年之中，营业额竟增加了600多倍。一时间，该公司拥有30万员工，每年的售货额将近70亿美元。对于零售行业，这简直是个不可思议的天文数字。萨耶就是这样借着朋友之力取得后来的成功，如果当年他不发现和利用人才，不与卢贝克和路华德合作，今天的他也许还做着小本生意赚些小钱。

社会上能干的人都能够把事情圆满解决。其实，这种人本身并不一定有什么出类拔萃的奇能，也许还是个极平凡的人，只不过是善于团结一批人为己所用罢了。所以，从广义上讲，无论是朋友还是对手，都可以借用他们的才能成就自己的事业。

生活中，很多人利用人脉关系获得了成功，这是因为他们具有获得成功的条件。除去环境、机遇和个人能力等因素外，处理好人际关系，则是不容忽视的环节。谁能把结交到好朋友与利用朋友这个问题处理好，谁就能借助来自各方朋友的力量成就一番事业。

8. 重视领导身边的人

“阎王好见，小鬼难缠。”不处理好与领导身边的人的关系，恐怕连领导的面都难见到。反之，若是能把领导身边的人安排妥当，那做起事来可就事半功倍了。

也许你深有体会，我们在办事的时候，即便上级主管和具体办事人员同意解决的问题，也会由于下面某一环节作梗而搁置下来，而负责这一环节的人不论职位大小，也就变成了解决问题的“关键人物”。

宋朝蔡京曾一度被宋徽宗罢相，落到山穷水尽的地步。但是他并不甘心就此退出政治舞台，而是多方活动，以图东山再起。

首先，蔡京暗中嘱托亲信内侍求郑贵妃为己说情，又请深得徽宗信任的郑居中伺机进言。一切妥当之后，蔡京再让自己的党羽直接上书徽宗，大意是为他鸣冤叫屈，说蔡京改变法度，全是秉承圣上的旨意，并非独断专行。现在一切都否定了，恐怕并不是皇帝的本心。

这些意见的要害是把徽宗牵了进去。徽宗见表，果然沉吟不语，但也没批复。

这时郑贵妃开始发挥枕边作用。她本是识文断字之人，早已看到表章的内容，又见徽宗的这种表情，就顺势替蔡京说了几句好话，徽宗便有些回心转意了。

郑居中了解内情后知道时机已经成熟，便约了自己的好友礼部侍郎刘正夫，二人先后晋见徽宗。

居中先进去向徽宗说道："陛下即位以来，重视礼乐教育等法，对国家和百姓都很有利，为什么要改弦更张呢？"

一席话只字未提蔡京，只把徽宗的功绩歌颂一番，但暗中褒奖的却是蔡京，因为肯定前段朝政的英明就等于肯定了蔡京的正确。

刘正夫又进去重复补充了一遍，醉翁之意不在酒。徽宗听了心里很舒服，终于转变态度驱逐刘逵，罢免赵挺之的相位，第二次起用蔡京为相。

蔡京的沟通非常成功。他并没有直接去说服皇上，而是采取了曲线迂回的方式，只是请皇帝身边的人为他说情，结果如愿以偿。日常生活中，你也不妨采用曲线的方式来获取自己想要的东西，也许你会得到一个意外的惊喜。

求人办事，要有技巧，瞄准主要目标，全力以赴，固然很重要；但是对于主要人物周围那些举足轻重的人，也要多花费心思，多沟通，因为他们人有时对你办事会起到意想不到的作用。

9. 掌握时机，拉人一把

俗语说："养兵千日，用兵一时。"交朋友的目的，就是日后能互相帮助。而在患难之际，关键时刻能掌握时机，拉人一把，不仅会让对方铭记一生，自己也会从中受益无穷。

晋代有一个人叫荀巨伯，有一次去探望朋友，正逢朋友卧病在床，这时恰好敌军攻破城池，烧杀掳掠，百姓纷纷携妻挈子，四散逃难。朋友劝荀巨伯："我病得很重，走不动，活不了几天了，你自己赶快逃命去吧！"

荀巨伯却不肯走，他说："你把我看成什么人了，我远道赶来，就是为了来看你。现在，敌军进城，你又病着，我怎么能扔下你不管呢？"说着便转身给朋友熬药去了。

朋友百般苦求，叫他快走，荀巨伯却端药倒水安慰说："你就安心养病吧，不要管我，天塌下来我替你顶着！"

这时"砰"的一声，门被踢开了，几个凶神恶煞般的士兵冲进来，冲着他喝道："你是什么人？如此大胆，全城人都跑光了，你为什么不跑？"

荀巨伯指着躺在床上的朋友说："我的朋友病得很重，我不能丢下他独自逃命。"并正气凛然地说，"请你们别惊吓了我的朋友，有事找我好了。即使要我替朋友而死，我也绝不皱眉头！"

敌军一听愣了，听着荀巨伯的慷慨言语，看看荀巨伯的无畏态度，很是感动，说："想不到这里的人如此高尚，怎么好意思侵害他们呢？走吧！"说着，敌军撤走了。

患难时体现出的正义能产生如此巨大的威力，说来不能不令人惊叹。

人的一生不可能一帆风顺，难免会碰到失利受挫或面临困境的情况，这时候最需要的就是别人的帮助，这种雪中送炭般的帮助会让他人记忆一生。

德皇威廉一世在第一次世界大战结束时，可算得上全世界最可怜的一个人，可谓众叛亲离。他只好逃到荷兰去保命，许多人对他恨之入骨。可是在这时候，有个小男孩写了一封简短但流露真情的信，表达他对德皇的敬仰。这个小男孩在信中说，不管别人怎么想，他将永远尊敬他为皇帝。德皇深深地为这封信所感动，于是邀请他到皇宫来。这个小男孩接受了邀请，由他母亲带着一同前往，他的母亲后来嫁给了德皇。

"我不知道他那时候那么痛苦，即使知道了，我也帮不上忙啊！"许多人遗憾地说。

这种人与其说他不知道朋友的痛苦，不如说他根本无意知道。

人们总是可以敏感地觉察到自己的苦处，却对别人的痛处缺乏了解。他们不了解别人的需要，更不会花功夫去了解；有的甚至知道了也佯装不知，大概是没有切身之苦、切肤之痛吧。

虽然很少有人能做到"人饥己饥，人溺己溺"的境界，但我们至少可以随时体察一下别人的需要，时刻关心朋友，帮助他们脱离困境。当朋友身患重病时，你应该多去探望，多谈谈朋友关心的感兴趣的话题；当朋友遭到挫折而沮丧时，你应该给予鼓励；当朋友愁眉苦脸，郁郁寡欢时，你应该亲切地询问他们。这些适时的安慰会像阳光一样温暖受伤者的心田，给他们希望。

小于在某企业担任打字工作。一天中午，一位董事走进办公室，向办公室里的小姐们问道："上午拜托你们打的那个文件在哪里？"可是当时正值吃午饭时间，谁也不知道那个文件搁在哪里，因此谁也没有理睬他，这时，小于对他说："这个文件的事我虽然不知道，但是，谭先生，这件事交给我去办吧，我会尽早送到您的办公室的。"当小于把打好的文件送给董事时，董事非常高兴。

几周之后，小于高兴地向她的同事宣布：她升迁了。显然，小于的热心和办事利落获得了董事的赞赏，并让她委以重任。

10. 你敬我一尺，我还你一丈

很多人在遇到困难时，即使再难过，也不愿向他人求助，这是人的自尊心在作祟。如果你是他的朋友，又想诚心帮助他的话，不妨取点巧，让对方觉得你帮他其实也是在帮自己。

人与人之间的关系从人格上讲是平等的，没有尊卑贵贱之分，这是没有疑问的。不过，在具体的交际中，由于交际双方各自的交际目的不同，会使交际者之间出现暂时性的尊卑差别。求方为卑，助方为尊。俗话说“求人矮三分”，说的就是这个道理。正因如此，人们一般不到万不得已是不愿求人的，“求人不如求己”、“土山擒虎易，开口告人难”，这些谚语表达了人们这种不愿将自己放在一个卑下的地位上的心态。

在交际中，首先应该搞清谁是求方、谁是助方，这种求助关系搞清之后，尊卑差别也就搞清了；其次应该根据这种尊卑差别确定自己所应采取的具体的交际方法、手段，特别是作为求方的交际者，应该清楚地认识到自己卑的地位，一言一行、一举一动都要与自己的这种地位相吻合，否则，如果把尊卑关系误认为是平等关系，甚至于颠倒了尊卑关系，以卑为尊，就会做出失礼之举，有碍正常交际。

在交际中，求方如何才能使自己处于卑位，而把尊位让给助方呢?

第一，求方一般应主动到助方那里去见助方，而不应被动地等待助方或颐指气使、发号施令让助方到求方这里来。

刘备三顾茅庐的故事是我们所熟悉的。诸葛亮是一介布衣，而刘备是汉朝将军，二者社会地位的尊卑是不言自明的。不过诸葛亮这时并不是刘备的属下，所以尽管尊卑差别很大，也是井水不犯河水。刘备见诸葛亮的目的是想让他“展吕望之大才，施子房之鸿略”，帮助自己成就大业，所以刘备是求方，诸葛亮是助方。刘备不以原来的尊卑差别为念，只讲求助关系上的尊卑差别，屈尊三顾茅庐，把尊的地位让给了诸葛亮，这是为人们所称道的。如果只讲原来的尊卑差别，不顾交际上的尊卑差别，像张飞所说那样，“使人唤来，他如不来，我只用一条麻绳缚将来”，那么刘备就得不到诸葛亮这一大贤，这一点是无疑的。

第二，约见时，求方要等助方，不要让助方等求方。

《史记·留侯世家》写了这样一个故事：下邳圯上有一老父想要有所教于张良，老父与张良约见时，两次张良都去晚了，张良因此遭到了老父的嗔怪。第三次约见时，张良再也不敢迟到。头天晚上，就在约定地点等老父。老父到后，于是就送给了张良一部《太公兵法》。当然，这里要求张良等老父，除了因为有一层求助关系外，还有一层长幼关系。

第三，在助方实施帮助完毕时，求方要向助方致谢。

某校张老师请王老师为自己班的学生讲书法课。在王老师讲完课后，张老师就应该说些感谢话：“王老师利用业余时间为我班讲授书法课，丰富了我班的课余文化生活，为此，我代表全班同学向王老师表示衷心的感谢！”或者按有关规定给予讲课报酬。

第四，在助方实施帮助完毕之后，如果有机会，求方要主动给予助方帮助，以示报答。

投桃报李，礼尚往来是交际的一个原则。求方应牢牢记住助方给予自己的帮助，做到“受恩莫忘”。滴水之恩，当以涌泉相报，这是交际中品德高尚的人所应遵循的准则。“毛宝放龟而得渡，隋侯救蛇而获珠”，这些神话传说就是对这种报恩精神的浪漫化写照。《史记·淮阴侯列传》记载，韩信为布衣时，自己不能养活自己，一位洗衣物的老大娘见韩信非常饥饿，就把自己的饭分给韩信吃，韩信做了大官后，赠给这位老大娘千金来报答她的恩情。在现实生活中，如果不懂或疏忽了受恩莫忘、教桃报李的交际原则，就会做出失礼的事来。事实上，每个人都有求助于人的时候，此时此事你求人，彼时彼事别人也会求你，求方和助方的关系不是一成不变的。所以，我们不论是作为求方还是助方，都应该既自尊又尊人，在求助与助人的双向交流中把握好各自的尺度。

第六章　一个篱笆三个桩，一个好汉三个帮

自己走百步有时不如贵人扶着走一步。“贵人”就是那些能将你的复杂问题简单化，能在最关键、最危险时刻给予你强有力支持的人。有了贵人相助，你可以少走弯路，有时甚至可以一步登天。但我们要懂记“惟有自助者，天才会助之！”

1. 寻找你生命中的贵人

在攀向事业高峰的过程中，贵人相助往往是不可缺少的一环，有了贵人，不仅能替你加分，还能加大你成功的筹码。

你离乡背井，初到一个陌生的地方谋生，不知何处才是落脚之地，就在你感到茫然无助的时候，遇到一位好心人替你指点迷津，解决了你的难题。

除非你的运气特背，否则，在你的一生中，总会碰到几个贵人。例如，你在工作中一直不是很顺利，表现不佳，心灰意冷之余，你开始想打退堂鼓。你的一位上司却在这时候推了你一把，设法帮助你跨过了门槛，重燃你的斗志。

“贵人”可能是指某位身居高位的人，也可能是指令你心仪已久或欲模仿的对象，无论在经验、专长、知识、技能等各方面都比你略胜一筹。因此，他们也许是师傅，也许是教练，或者是引荐人。

有贵人相助，的确对事业有益。有一份调查表明，凡是做到中、高级以上的主管，有90%的都受过栽培，至于做到总经理的，有80%遇过贵人，自当老板创业的，竟然100%全部都曾被人提拔过。

不论在何种行业，“老马带路”向来是传统。目的不外乎是想栽培人才，储备接棒人才。这些例子在运动界、艺术表演界、政治界颇多。

没有贵人相助难成气候，但若要被贵人“相中”，首要条件还是在于被选中的人究竟有没有两下子。俗话说，“师父领进门，修行在个人。”

如果你一无所长，却侥幸得到一个不错的位置，保证后面一堆人等着想看你的笑话。毕竟，千里马的表现好坏与否，代表伯乐的识人之力。找到一个扶不起的阿斗，对贵人的荐人能力，也是一大讽刺。

除了真正是基于爱才、惜才之外，一般而言，贵人出手，多少都带有一些私心，目的在于培养班子，巩固势力。但也有接班人羽翼丰盈之后，立刻另筑他巢，导致与师傅失和，反目成仇，这类故事自古至今屡见不鲜。

良好的“伯乐与千里马”关系，最好是建立在彼此各取所需、各得其利的基础上。这绝不是鼓励惟利是图，而是强调彼此以诚相待的态度，既然你有恩于我，他日我必投桃报李。

寻找“贵人”以下是必须谨记的：

（1）摸清贵人提拔你的动机

有些人专门喜欢找弟子为他做牛做马，用来彰显自己的身份。万一出了事，这些徒弟不仅捞不着好处，还可能成为替罪羔羊。

（2）要知恩图报，饮水思源

有些人在受人提拔、功成名就之后，往往就想遮掩过去的踪迹，口口声声说“一切都是靠我自己”，一脚踢开照顾过他的人。如果你不想被别人指着鼻子大骂“忘恩负义”，可千万别做这种傻事！

2. 尊重上司提高自己

具体来说，在职场中，你的上司领导就是你现成的贵人，得老板者得舞台，有了决策者的帮助，你会比同等级的人更快的升迁、进步。

办事会取巧的人明白，自己身边的领导就是一笔唾手可得的财富。这些人在社交生活中往往善于与自己的上司处好关系，以此来成就自己的事业。

怎样才能够与上司建立起亲密的关系？处理好与上司的关系，应该借鉴以下方法：

（1）正确看待领导

把上司看成你命运的主宰，成功的阶梯，去逢迎他们；或是把他们看做是做官的，与自己毫不相干，除了公事以外，彼此不闻不问，敬而远之；抑或觉得他们学历比自己还低，对他们不屑一顾，这些方法都不易与上司相处。

正确的方法是把上司看做是与你的前途密切相关的人，是你的直接领导，你应该尊重他，使他对你产生好感。不论是上司的公事还是私事，你都应该积极关注，努力做好，这样，你才能与上司搞好关系，实现自己的愿望。

（2）与上司相处最重要的是尊重主管人员的职权

在上司没做主张之前，有什么意见和建议尽管提出；一旦他已拿定主意，你就不要再争辩。记住，你看见的只是其一，他定的却是全盘大计。

不要以为自己的想法比上司的高明，作为下属，服从领导是一种美德。

（3）不卑不亢是起码的态度

严肃也好，随便也罢，让上司去选择。不要怕他，不要看到他就手足无措，或把他看做重要人物来崇拜。有些人在领导面前手足无措，战战兢兢，连话都不会说，这些人领导是不会欣赏的，也不会与他们建立友好的关系。

别千方百计地讨好上司，但是适当地赞扬未尝不可，当上司有好方法、妙主意时，可以向他表露你的赞美之意。其实有主见的上司最见不得的是拍马屁的人，所以，过分的吹捧，就会适得其反。

（4）最得上司欢心的还是工作的表现

你工作有成绩，他也有一份功劳，你与上司处得越好，干得就越有劲；你帮他把事情办好，自己的前途也越光明。

（5）对上司应以诚相待

如果在业务上有两位以上的上司，你必须认清谁是你的主管，应将有关业务问题向他请示，获得他的信任与支持。另一上司交给的事情，在不相互冲突的情形下，也应尽力去办理。如果与直接上司的指示相冲突，你应委婉陈述困难，求得谅解，不可在两位上司之间投机取巧。否则，你会左右不讨好。

（6）在上司面前，要常常称道他的才干

一个精明的领导，不乐意别人在他面前搬弄是非，他会认为“来说是非者，便是是非人”。这对一个清醒的领导来说是重要的，你必须学会常说人的好话，而不说人的坏话，因为一旦说人的坏话，你就会使自己面临很多对立面，领导不喜欢你，坏话传出去，被说的人就是你的死敌。一有机会他就会使你吃不了兜着走。

（7）不要时常向上司汇报困难

如果要说困难，尽量同时提出解决困难的有效方法，否则，会使他低估你的办事才能。

（8）不要经常打扰上司

小事不必件件请示，有些事情等到有圆满的结果时再向上司报告，这样可以加深上司对你的良好印象。

（9）要让上司了解情况，这点最重要

上司要定计划，做主张，不可对上级隐瞒情况，无论好的或坏的消息，都要及时报告。

（10）即使上司十分信任你，也应遵纪守法

不要做任何擅自专行的事，否则，就会侵犯上司的职责或占夺同事的功劳。

如果你能这么做，上司定会发现你，会把你当做一个人才来重视，你会成为上司最信赖的人，最后你将受到重用。

如果你是个做事会取巧的人，就必须与上司搞好关系，这是为你以后的成功在打基础，也是你人生成功的重要一步。

3. 为人豁达，处事得体

人际关系，不可能做得十全十美，但也要尽量减少缺憾。须知“千里之堤，溃于蚁穴”，因为一个不小心，而坏了整件事，这种交易划不来。

拓展人脉关系是现实生活中必不可少的，但有些法则还是必须遵守的，这样才能达到预期的效果，而不致弄巧成拙。这个法则就是“一回生，二回半生不熟，三回才全熟”，而不是“一回生，二回熟”。“一回生，二回熟”还太快了些，“一回生，二回半生不熟，三回才全熟”，则是渐进的，而且是长期的、对方不知不觉的。之所以要“一回生，二回半生不熟，三回才全熟”，是由于以下原因：

（1）人都有戒心，这是很自然的反应

一回生，二回就要“熟”，对方对你采取的绝对是关上大门的自卫姿态，其实是认为你居心不良，因而拒绝你的接近。名人、富人或有权势之人，更是如此。

（2）每个人都有“自我”

你一回生，二回就要熟，必定会采取积极主动的态度，以求尽快接近对方，也许对方会很快感受到你的热情，因而也给你热情的回应，但是大部分人都会有自我受到压迫的感觉。因为他还没准备好和你“熟”，他只是痛苦地应付你罢了，很可能第三次就拒绝和你碰面了。

“一回生，二回熟”的缺点还不只上面提的两点。因为你急于接近对方，所以很容易在不了解对方的情形下，以自己作为话题，继续两人交谈的热度，这无疑是暴露自己，若对方不是善类，你很可能是在作茧自缚。

在社会上生存，的确需要有人同行，但同行伙伴的获得必须花上一段时间，“一回生，二回半生不熟，三回才全熟”正是最高的指导原则。用平静的、持续的方法拓展出来的人际关系才是可以信赖的。

关系网织成后也不要太轻闲。网越密越好，这种想法不对，网眼太细，什么东西都想网住，负担太重，这小小的一张网怎能负载太多的东西？网眼别太小，破处应补上。如果网上有缺口，这种网有时就坏了大事。关键时刻，求人办事少了哪环都不行。别以为网上不就有那么一个小小的破洞嘛，没什么大不了的。其实，小洞可误大事。

有求不到的神，没有用不到的人。关系网要尽量包括不同类型，不同行业的人。全而不细，太细了，你负重不了。须知人际交往是双方互利的，你来我往。你有事求我，我有事也少不了麻烦你。包括太多了，你的精力和时间不充足，照顾不周，反而会坏事。庙的空间有限，神的数量无限。你小小的一座庙想把主、佛、神、仙全请进来，反而会礼节不到，照顾不周，各神都不满意，谁也不愿意保佑你。

有时候，我们会碰到这种情况：开始时他求你，你感动之余，尽力办到。而事后，你又不得不反过来求他。如借钱给某人，你当时能借钱给他，说明你和他的关系肯定不错，否则你不会借的。当时，他借钱时，说好话，你是上帝。而当你去讨款时，就反过来了。这社会怪得很，以前“杨白劳”怕“黄世仁”，现在“黄世仁”怕“杨白劳”。

有这样一个例子：李华准备借助朋友于某的旗号做生意，来打开西北的市场。没想到，当他将一笔钱送给于某的当天晚上，于某发生了车祸，死在医院里。这时候，李华立刻陷入两难境地：开口讨回钱吧，有点太势利，给人雪上加霜；若不讨回，商场如战场，一刻也不能耽误，再说自己的资金也不好周转。

帮忙料理完丧事，李华想出一个好主意。他是这样开口的："真是可惜，没想到于哥他竟……好在有嫂子您支撑着。不如这样：于哥在生意场上的朋友你也认得，你出来做下去，我在后面为你跑腿，吃苦受累的事我大老爷们不怕。你如果愿意，咱早些下手。商场如战场嘛！"李华丝毫没有讨钱的意思，却还豪气冲天，义气感人，其实他明知于妻没有能力也没有心思干下去。结果呢？于妻反过来安慰他道："这次出事让你生意上受损失了，我也没法干下去，你还是把钱拿回去再找机会吧。"

为人豁达，处事得体，是我们人际交往中要遵循的一条法则。网织成了，如果不小心呵护，精心修补，经历了风吹雨打，就会令它很快破损。我们求人办事时，不要以为自己有张大网，胆壮气粗，说话不讲分寸，做事不求步骤，那么无论怎样好的一盘棋也会让你给下砸了。

做到每次登门都受欢迎，这才是技巧。求人办事一次成功并不难，难的是每次都成功。求人一百次有一百次成功是不可能的，任何人也没那种本事。但你成功了九十次，这就是本事。

同样的一件事，你要办得比别人漂亮，同样的一个意思，从你嘴里说出的话要比别人动听。每个蜘蛛都在吐丝，每个人都在织网，但有的网住猎物，有的一无所获。这关键是生产者的本领。"物竞天择，适者生存"，不适应环境，你就会被淘汰。

4. 大树底下好乘凉，向成功人士靠拢

无论是资历还是钱财，成功人士都会高出我们一大截，因此向成功人士靠拢，得到他们的提携和帮助，便是一宗最划得来的事了。

埃德沃·波克被称为美国杂志界的一个奇才。但是，从小是在美国贫民窟长大的，一生中仅上过6年学。

6岁的时候，波克就跟着家人移民到了美国，在上学的时候他要每天工作为家里赚钱。打扫面包店的橱窗，派送星期六早上的报纸，周末下午到车站卖冰水……他从小就是一个“工作狂”，无论是什么样的脏活、累活他都干过。

13岁的时候，波克便辍学了，到一家电信公司工作。然而，他并没有忘记学习，仍然不断地自修。他省下了车钱、午餐钱，买了一套《全美名流人物传记》。

紧接着，波克做了一件以前从来就没有人做过的壮举：他直接写信给那些书上的人物，还询问书中没有记载的他们的童年往事。例如，他写信问当时的总统候选人哥菲德将军，是否真的在拖船上工作过？他又写信给格兰特将军，询问了他有关南北战争的事情。

那个时候，他只有14岁，每周的薪水只有六元二角五分的小波克，就是用这种方法结识了美国当时最有名望的大人物：哲学家、诗人、名作家、军政要员、大商贾、大富户。当时的那些名人也很喜欢他，他们都很乐意接见这位充满好奇心、又可爱的波兰小难民。

波克自从获得了名人们的接见后，他便已经立下了鸿图壮志，希望能够闯出一番属于自己的事业。为了这些，他努力学好写作技巧，然后向上流社会进行毛遂自荐，还替他们写传记。

而这一时间，订单像雪片一样的飞了过来，波克需要雇用六名助手帮他写简历。在那个时候，波克还不到20岁。

在不久之后，这个传奇性的年轻人，被《家庭妇女杂志》邀请作为编辑。波克答应了，而且在这里他一做就做了30年，现在这份杂志已经变成全美最高销量的著名妇女刊物了。

我们可以从波克的成功之旅中受到启发和教益，成功带来财富，财富是通过丰富的人脉资源而来的。

其实像这样的例子，举不胜举。闲暇无事可以静下心来想想，在我们身边也有这样的例子，只是有时自己“看”不到罢了。那么从现在起你也可以借用一下，其中的奥秘自己会慢慢感知。

高智商是很多海外华人富豪致富成功的基础，但也有一些华商是靠着华夏民族的文化底蕴，灵活地运用各种关系去攻海外“商城”的，他们的成功也显得是那么的得心应手。

沈鹏冲、沈鹏云兄弟二人1955年来到巴西圣保罗市寻找致富之路。有一次，沈鹏冲到南里奥格兰德州首府阿雷格里港旅行，在一间餐馆吃饭时，他发现一种意大利肉鸡的味道非常的好。他饱餐了一顿，同时还打听到，这种意大利肉鸡是一种有名的肉食，当地人也十分的喜欢。

沈鹏冲心花怒放，他顾不得旅行，火速赶回圣保罗与弟弟商量怎样养意大利肉鸡一事。

在经过一番商议之后，兄弟俩觉得此事虽然很有前途，但可惜自己没有资金，怎么办得起鸡场呢？他们连续几天奔走向银行贷款都没有成功。在苦思之中，弟弟沈鹏云突然想到可利用自己的人脉关系完成资金的筹划。

兄弟俩策划组织了一个互助会，其实它的实质不过是一种合作社的形式，他把相识的朋友、邻里、工友招募进来，并且讲明这些参加互助会的成员投入的本金和利息一定能够按时归还，而且还能获得较好的分红，因为现在互助会所筹集的资金是用来创办有发展前途的意大利肉鸡场的。经过二人声嘶力竭的宣传和东奔西跑的登门游说，他们筹到了1万美元的资金。

他们就是凭着这1万美元在阿雷格里港郊区办起了一个小养鸡场，取名为“阿维巴农场”。

现在，兄弟俩的公司每周可供应180万只鸡，仅此一项业务，每年营业额就达1.65亿美元。养鸡厂不断地发展，沈氏兄弟的财富也在不断地增多，他们乘势拓展业务，先后又办起了4家贸易公司，仅仅在这些方面的年营业额就已经达到了2亿美元。

成功的人是少数的，这些少数人的成功是因为他周边多数人的帮助，一个能获得多数人帮助的人，他的成功是容易的。一般来说成功有两条路：一是让人提拔和栽培；二是让人拥戴与推举。所以要向成功的人士学习。通过有计划地结识他人，跟这些人打交道，建立友谊，这其中的目的就是要拓展彼此所拥有的关系资源，让每个人有更多的机会取得成功。

1996年，在台湾总部公司工作的小王被外派到上海工作，在上海工作2年后他提出了辞职。辞职时，他向公司总部提了一个请求：允许他继续使用以前公司给他配备的那个手机号码。

小王深知，人际关系是他惟一的资源。如果一旦把手机的号换了，那么原来的那些朋友、客户就很可能找不到他，这样的话他就可能失去了很多重要的资源。

小王辞了工作以后，又找了另外一份工作：“苏州工业园区”的高级顾问，这份工作的月薪达到1000美金。我们所说的顾问，其实就是向那些有兴趣到大陆投资的台商宣传苏州，为他们介绍适合自己的项目，最终说服外商在工业园区投资设厂，并且为他们争取到尽可能多的优惠条件，从而从中赚取到不菲的佣金。但是做这项工作的前提是必须有深厚的人际关系。

这一点小王在很早的时候就做好准备了。到大陆工作的第一年，小王就到人才聚集的清华大学攻读MBA，在学习过程中，他结交了很多企业老总和政府的要员。其中和苏州市的一位副市长的交情也是从这个时候开始的。除此之外，他还是从台湾来的人，这无疑帮了他的大忙，因为他会闽南话，所以台湾人如果聚到了一起，大家都讲家乡话，一下子就亲近好多，什么事都好谈一些。慢慢的，小王便成了很有名气的“热心肠”，经常会有新到的台商“慕名”找上门来，他都很乐意地在这些人身上花费时间和金钱，因为这些人都是他的潜在合作伙伴。

由于有了广泛的人际关系，小王为工业园区陆续引进了几个大项目的投资。后来，他还同时兼任了昆山等几个开发区的顾问。他名片上的顾问头衔每增加一个时，他的收入就会增长一些。这就是人脉关系带来的财运。

5. 丰富的人际关系是你成功的阶梯

一个人要想在事业上获得较大的成就感，除了靠自己的努力奋斗之外，还要借助别人的力量，才可以平步青云，才能在很短的时间内较快地达到自己的目的，而这个别人就是你的丰富人际关系。

宗族亲情在中国人的眼里一直都是比较被看重的，以致在今天仍然盛行“走后门”。这种“后门”其实就是一种看不见的裙带关系网，类似于我们所说的“梯子”。

利用后门去做违法乱纪的事情，当然是不足取的，但如果你想能充分发挥你的才智，有所成就，在某些时候借助“梯子”还是必要的。

特别是一些没有社会经验刚从学校走出来的学生，要想在社会上谋得一份理想的职业，得到社会的承认和认可，这样的计策是非用不可的。对于准备求职就业的那些人来说，这里的“梯子”指的就是他人之力，朋友、亲戚、名人与同学等的地位、名望、财富以及权力等。

他人有时是助你走向成功或接近成功的桥梁，向上爬的阶梯。特别是那些德高望重的名人，这些人的力量更有助于你寻找到走向成功的捷径。古往今来，借着名人的力量成功的事例简直太多了。汉高祖刘邦立太子的故事就是典型的一例。

刘邦一共有八个儿子，又都不是一个母亲生的，为了争夺太子之位，展开了子与子、母与母之间的明争暗斗。

刘邦有立戚夫人之子如意为太子之想法，可是皇后却不同意，皇后却想立自己的儿子盈为太子。后来皇后去找张良帮忙。张良就献上一计：“皇上一直以来想聘请四个在野的贤人出山，但他们自始至终都不肯，如果盈经常请这四人赴宴，这样下去的话，肯定是会被皇上发现的，并且还有可能被问明其原因。”于是，他们就请来了那四个人，与盈吃住在一起。

果然不出张良所料，高祖以为盈为人恭敬仁慈而孝顺，天下名人慕名而来，最后终于立盈为太子。

盈的成功主要是仗着这四位贤人的盛名，借助他们的名望得了皇帝的宝座，这当然也有功于他的母亲和张良的妙计，惟一不知情的就是刘邦。

然而从这则小故事可以看出，不管是引荐者的名望大小以及他们的地位高低，只要是对你走向成功有所帮助，那么这个人就是使你登上高处的好“梯子”。他的威信和影响力对你也有很大的好处。一般人除对权威和名望有一种很强的崇拜感和信任感之外，对于那些熟识的人同样也存在一种可靠、值得信赖的感觉，因此被推荐者的能力和人格通常都是从推荐者身上来估量的。

要想借力恰到好处，也要遵循一定的步骤：

（1）找

也就是找具有一定影响力的人做朋友。对于一般人来说，在求职或就业的过程中，应该随时留心周围人的品格、能力及其影响力，要用真心去交朋友。

为了赢得他人的真诚相助，你必须先付出某些东西，如真心或物质，或者对他进行感情投资，利用这种看不见的投资方式，获取你日后的成功。这种手法虽然看起来不大高明，但却是非常合乎现实的，要和别人有交往，别人才能往上拉你、推荐你，不然的话，就算你有很高的才能，别人也没有办法知道。

如今的人们就是在忙忙碌碌中度过的，根本就没有时间进行太多的应酬，因此时间长了，很多原来十分牢靠的关系就会变得疏远，朋友之间也逐渐地互相淡漠了。希望有大发展的人，一定要珍惜人与人之间宝贵的缘分，忙中之余也不能忘了朋友之间的沟通。

（2）借

也就是能够得到朋友的帮助。朋友能否帮你的忙，还得看你平时表现如何。这就要求你与人交往时，目光要放远些，不因小利而不为，亦不因利大而为之。如果你与对你求职就业有所帮助的朋友发生了不愉快，你应首先谅解他，小不忍则乱大谋，这是古训，在这方面古人也做出过榜样。

比如，韩信能受胯下之辱，张良能为老者拾履。平时的基础打好了，量变积累终会成为质变，也就会得来全不费功夫了。你待人好，人家对你自然有真心，关键时刻帮你一把也在情理之中了。如此看来，借“梯”的关键在于你平时与人交往的程度。

（3）不能只讲近利

在这整个的计划里，对人影响最强的就是它，所以要杜绝它的出现。聪明者的人情投资不会太讲近利，讲近利，就有如人情的买卖，就是一种变相的贿赂。

对于这种情形，凡是讲骨气的人，就会觉得不高兴，即使勉强收受，心中也总不以为然。即使他想回报你，也不过是简单地做点面子工程，你也不会受到多大帮助的。

好朋友往往是这样，关系好，平时多走走，有事时不用送礼，对方也会帮你。如果平时不来往，有事才抱着礼品来求情，对方虽不好意思说，但同样不会买你的账。

（4）不要忘了老朋友

有不少人都会犯这样的错误：两个人的关系一旦走到非常亲密的那种地步，就感觉不用再在他身上费心思了，尤其是在一些细节问题上，比如该通报的信息你不通报，该解释的情况你不解释，“反正咱俩的关系非常好，就用不着再做过多的解释了，解释不解释都是无所谓的”。

可是到了最后呢？日子一天天的过去了，没有解开的“结”越来越多，形成难以化解的问题。而更糟糕的是，人们关系亲密之后，总是对另一方要求越来越高，一直认为别人对自己好是应该的，当别人稍微对他有点照顾不周或者他自己感到别人对他不好的话，就该有怨言了。由此时间长了就会十分容易形成恶性循环，结果双方的关系都受到了影响。

现代社会，形势瞬息万变，下一分钟你将会遇到什么事情，真是难说。当生病、挫折、失恋、失业……不幸的情况来临时，倘若在你身边有能向你伸出援手，对你给予温暖鼓励的伙伴，此时，你的心里该是如何的踏实，与没有知心的伙伴其间差异是多么的大！

俗话说：“在家靠父母，出门靠朋友。”一个人长大成人之后，脱离了父母，一旦有什么难处，身边除了老婆孩子，除了朋友还是朋友。

“多一个朋友多一条路。”朋友多，路子就广，成功的可能性就越大。

6. 毛遂自荐，自抬身价

中国人自抬身价的典范应该是吕不韦了。这个以异人为“奇货可居”的商人，做成了天下第一等大买卖，而他自抬身价的胆量和魄力也叫人钦佩不已。自抬身价是一种生存的手段，尤其在竞争如此激烈的现代社会。

其实，在现实生活中，自抬身价的行为随处可见。例如，有些影星提高片酬，主持人提高主持费，演讲者提高出场费等，这些都是自抬身价的行为。当然，其中有些人确实名副其实，与他们的身价相当，但有些人则是夸大其辞，根本没有那么高的价值。可是，只要他们敢自抬身价，多半能够如己所愿。事实上，能不能够立刻如己所愿这并不重要，重要的是，经过如此抬高身价，你可以为自己定下一个基准，好比为商品标价一般，这有“昭示众人”的味道，以便下回“顾客”上门时，能按新的价格“成交”！

在现代职业生涯中，人也成为了一种商品，每个人的身价都不同，有的人年薪五千，有的人可能年薪数十万甚至上百万。在一定条件下，商人们也会根据市场情况适当调整商品的价格。有些顾客就是那么奇怪，商品低价时他们偏偏不买，等价格提高了，非得抢着买，并且称赞质量好，其实东西完全一样。人也是如此。身价太低，别人看不起；身价提高了，别人反而觉得你真了不起，是个大人才！

自抬身价有两种情形，一种是自己本身确有价值，而别人评估不足。这种情形下，你更应该自抬身价，不能固守传统的“谦虚为上”，否则别人会认为你根本没有那份才能。当然，你不一定非得把自己抬得很高，但至少要和你的才能等值。第二种情形是，你本来只有一分的才能，却抬出了八分的身价，例如你本来只是个中专毕业，却跟人家说自己研究生毕业；或者你目前年薪只有五千，却对他人声称有四万，别人也会高估你的价值。

只顾自己痛快尽说些假话、大话，就容易把“牛皮”吹破，会给别人留下笑柄。吴妍人的小说《二十年目睹之怪现状》里，就描述了一个破落户，穷困潦倒，却还要装样子充阔，结果在众目睽睽之下丑态百出。故事讲的是：

有一天，高升到了茶馆里，看见一个旗人进来泡茶，却是自己带的茶叶，打开了纸包，把茶叶尽情放在碗时，那堂上的人道：“茶叶怕少了吧？”

那旗人哼了一声道：“你哪里懂得：我这个是大西洋红毛法兰西来的上好龙井茶，只要这么三四片就够了，要是多泡了几片，要闹到成年不想喝茶呢。”

堂上的人只好给他泡上了茶。高升听了，以为奇怪，走过去看看，他那茶碗中间，飘着三四片茶叶，就是平常吃的香片茶。那一碗茶的水，莫说没有红色，连黄也不曾黄一黄，竟是一碗白冷冷的开水。高升心中已是暗暗好笑。

后来他又看见他在腰里掏出两个京钱来，买了一个烧饼在那里撕着吃，细细咀嚼，像很富有的样子。那人吃了一个多时辰方才吃完，忽然又伸出一个指头儿，蘸些唾沫，在桌上写字，蘸一口，写一笔。高升心中很以为奇，暗想这个人何以用功到如此，在茶馆里还背着临字帖呢，于是细细留心去看他写什么字。原来他哪里是写字，只因为他吃烧饼时，虽然吃得十分小心，那饼上的芝麻，总不免有些掉在桌上，他要拿舌头舔了，拿手扫来吃了，恐怕人家看见不好，失了架子，所以在那里假装着写字蘸来吃。他写了半天字，桌上的芝麻一颗也没有了。他又忽然在那里出神，像想什么似的；想了一会，忽然又像醒悟过来似的，把桌子狠狠地一拍，又蘸了唾沫去写字。为什么呢？原来他吃烧饼的时候，有两颗芝麻掉在桌子缝里，任凭他怎样蘸唾沫写字，总吃不到嘴里，所以他故意做忘记的样子，又故意做成忽然醒悟的样子，把桌子拍一拍，那芝麻自然震了出来，他再做成写字的样子，芝麻就到了嘴里了。

烧饼吃完了，字也写完了，他又坐了半天，还不肯去。天已晌午了，忽然一个小孩子走进来，对着他道："爸爸快回去吧，妈妈要起来了。"

那旗人道："你妈要起来就起来，要我回去做什么？"

那孩子道："你穿了妈妈的裤子出来，妈妈在那里急着没有裤子穿呢！"

旗人喝道："胡说！你妈的裤子，不在皮箱子里吗！"说着，丢了一个眼色，让那孩子快去的样子。

那孩子不会意，还在说道："爸爸只怕忘了，皮箱子早就卖了，那条裤子，是前天当了买米的。妈还叫我说：屋里的米只剩了一把，喂鸡儿也喂不饱了，叫爸爸快去买半升米来，才能做中饭呢。"

那旗人大喝一声道："滚你的吧！这里又没有谁跟我借钱，要你来装穷做什么？"

那孩子吓得垂下手，连应了几个"是"字，倒退了几步，方才出去。

那旗人还自言自语道："可恨那些人，天天来跟我借钱，我哪里有许多钱应酬他，只能装着穷，说两句穷话，其实在这茶馆里，哪里用得着呢。老实说，咱们吃的是皇上家的粮，哪里就穷到这个份儿呢！"说着，站起来要走。

堂上的人向他要钱。他笑道："我叫这孩子气坏了，开水钱也忘了开发。"说罢，伸手在腰里乱掏，掏了半天，连半块钱毛也掏不出来。嘴里说："欠着你的，明日还你罢。"

堂上的人不肯，无奈他身上真的半文钱都没有，任凭你扭着他，他只说明日送来，等一会送来，又说那堂上的人不长眼睛："你大爷可曾欠人家钱的吗？”

堂上的人说：“我只要你一文开水钱，不管你什么大爷二爷。你还了一文钱，我就认你是好汉；还不出一文钱，任凭你是大爷二爷，也得留下个东西来做抵押。你要知道我不能为了一文钱，到你府上去收账。”

那旗人急了，只得在身边掏出一块手帕来抵押。堂上的人抖开一看，是一块方方的蓝洋布，上头龌龊得不得了，看上去大约有半年没有下水洗过了，便冷笑道：“也罢，你不来取，好歹可以留着擦桌子。”那旗人方得脱身去了。

这个故事让人忍俊不禁，就在于别人早就看破了他的吹牛，他还在那里神吹不已，只能给人当作笑柄，此为吹牛办事者的大忌。

另外，如果“抬”得太厉害，别人也信以为真，高价“买”下了你，后来还是会发现你是个“劣质品”。如果这样，你的自抬身价会使你“破产”！

抬高自己的身价还要参考行情。低于行情有“低价倾销”的味道，别人会把你当成廉价品。如果你能力也够，可把身价抬得高出行情一点；但如果高出行情太多，除非你是个天才，能很快提高自己，而且也有业绩做后盾，否则会被当成疯子。

如果你有事没事都在谈你的“身价”，反而没人相信了。因此要在适当的时候去抬，例如有人问的时候，大家讨论到的时候，有人准备“买”的时候。

不管你从事的是哪一种行业，担任什么职务，不必过于谦虚客气，适度地自抬身价吧，就算被人笑，也比自贬身价要好。而且只要“抬”成功，你会从中受益。你以后的身价只会上升，不会往下掉，除非你不自爱而自毁自灭。自抬身价还有另外一个好处——肯定自己，并成为敦促自己不断进步的动力，因为身价抬上去了，你就应该使自己各方面都跟上去，否则你的身价就保不住了。

7. 让朋友成为你事业的助推器

人是社会型的动物，离开了社会，离开了人群，没有人能够活下去。我们生活中不能缺少朋友，朋友是我们身体中不断被注入的新鲜血液，一旦缺失，必然会死亡。

维克多连锁店的故事远近闻名。

维克多从父亲的手中接过了一家食品店，这是一家古老的食品店，很早以前就存在而且已出名了。维克多希望它在自己的手中能够发展得更加壮大。

一天晚上，维克多在店里收拾，第二天他将和妻子一起去度假。他准备早早地关上店门，以便做好准备。突然，他看到店门外站着一个年轻人，面黄肌瘦、衣服褴楼、双眼深陷，典型的一个流浪汉。

维克多是个热心肠的人。他走了出去，对那个年轻人说道："小伙子，有什么需要帮忙的吗？"

年轻人略带点腼腆地问道："这里是维克多食品店吗？"他说话时口音带着浓重的墨西哥味。"是的。"

年轻人更加腼腆了，低着头，小声地说道："我是从墨西哥来找工作的，可是整整两个月了，我仍然没有找到一份合适的工作。我父亲年轻时也来过美国，他告诉我他在你的店里买过东西，喏，就是这顶帽子。"

维克多看见小伙子的头上果然戴着一顶十分破旧的帽子，那个被污渍弄得模模糊糊的"V"字形符号正是他店里的标记。"我现在没有钱回家了，也好久没有吃过一顿饱餐了。我想……”年轻人继续说道。

维克多知道了眼前站着的人只不过是多年前一个顾客的儿子，但是，他觉得应该帮助这个小伙子。于是，他把小伙子请进店内，好好地让他饱餐了一顿，并且还给了他一笔路费，让他回国。

不久，维克多便将此事淡忘了。过了十几年，维克多的食品店越来越兴旺，在美国开了许多家分店，他于是决定向海外扩展，可是由于他在海外没有根基，要想从头发展也是很困难的。为此维克多一直犹豫不决。

正在这时，他突然收到一封从墨西哥寄来的陌生人的信，原来正是多年前他曾经帮过的那个流浪青年。

此时那个年轻人已经成了墨西哥一家大公司的总经理，他在信中邀请维克多来墨西哥发展，与他共创事业。这对于维克多来说真是喜出望外，有了那位年轻人的帮助，维克多很快在墨西哥建立了他的连锁店，而且发展得异常迅速。

再来看看下面这个故事。

杰克·伦敦的童年，贫穷而不幸。14岁那年，他借钱买了一条小船，开始偷捕牡蛎。可是，不久之后就被水上巡逻队抓住，被罚去做劳工。杰克·伦敦瞅空子逃了出来，从此便走上了流浪水手的道路。

两年以后，杰克·伦敦随着姐夫一起来到阿拉斯加，加入到淘金者的队伍。在淘金者中，他结识了不少朋友。他这些朋友中三教九流什么人都有，而大多数是美国的劳苦人民，虽然生活困苦，但是在他们的言行举止中充满了生存的活力。

杰克·伦敦的朋友中有一位叫坎里南的中年人，他来自芝加哥，他的辛酸历史可以写成一部厚厚的书。杰克·伦敦听他的故事经常潸然泪下，而这更加坚定了杰克·伦敦心中的一个目标：写作，写淘金者的生活。

在坎里南的帮助下，杰克·伦敦利用休息的时间看书、学习。1899年，23岁的杰克·伦敦写出了处女作《给猎人》，接着又出版了小说集

《狼之子》。这些作品都是以淘金工人的辛酸生活为主题的，因此，赢得了广大中下层人士的喜爱，杰克·伦敦渐渐走上了成功的道路，他著作的畅销也给他带来了巨额的财富。

刚开始的时候，杰克·伦敦并没有忘记与他共患难同甘苦的淘金工人们，正是他们的生活给了他灵感与素材。他经常去看望他的穷朋友们，一起聊天，一起喝酒，回忆以往的岁月。

但是后来，杰克·伦敦的钱越来越多，他对于钱也越来越看重，他甚至公开声明他只是为了钱才写作。他开始过起豪华奢侈的生活，而且大肆地挥霍。与此同时，他也渐渐地忘记了那些穷朋友们。

有一次，坎里南来芝加哥看望杰克·伦敦，可杰克·伦敦只是忙于应酬各式各样的聚会、酒宴和修建他的别墅，对坎里南不理不睬，一个星期中坎里南只见了他两面。

坎里南头也不回地走了。同时，杰克·伦敦的淘金朋友们也永远地从他的身边离开了。

离开了朋友，离开了写作的源泉，杰克·伦敦的思维枯竭，他再也写不出一部像样的著作了。于是，1916年11月22日，处于精神和金钱危机中的杰克·伦敦在自己的寓所里用一把左轮手枪结束了自己的一生。

8. 亲不亲，故乡人，落难时的有力臂膀

不论在什么地方，国内还是海外，中国人、同乡人就像是一块磁铁，会将一群在他乡的故人紧紧连接在一起。也许在你一路顺风时很难想到他们，但在你落难时他们却往往是那支最有力的臂膀。

中国人有着强烈的乡土观念，其表现之一就是对同乡人有一种天生的热情，尤其是到外地上学或谋生之时，这种同乡感情就愈发强烈。

在大学里经常可以见到有某地学生组织有同乡会性质的“联谊会”，他们那“抱成团”的宗旨给大多数同乡带去了“实惠”，解决了不少困难。再后来，这种同乡会性质的团体几乎到处都能见到。它的形式虽是松散的，但“亲不亲，故乡人”，这种同乡观念，有一定的凝聚力，它在“对外”上要保持一致性。对内互相提携，互相帮助，对外则团结一致，抵御困难和外来的威胁。

如果乡土观念过重，同乡关系也有过火的时候。

阎锡山是山西五台人，当时山西就流传出一句话：“会说五台话，就把洋刀挂”；韩德勤是江苏洋河人，他当江苏省主席时，那里的百姓则说：“会说洋河话，就把洋刀挂”。

阎锡山重用五台同乡，山西省政府的重要位置大多被五台人所占据。陈炯明是广东海丰人，他做了广东都督后，大用海丰人，省政府内到处都能听到海丰话。孔祥熙是山西人，他在金融系统重用山西人，理由则是“只有山西人会理财”……

蒋介石是奉化人，他倒并不在乎别人讥讽他重用奉化人。他的侍卫长多用奉化人，如俞济时、蒋孝先等；而侍卫官则几乎一律是奉化人，因为在他眼中，奉化人是最可靠的；他的秘书中，有9任是奉化人，是不是只有奉化人的文章写得最好，可能连他自己也不相信，但是奉化同乡可信；奉化并不出武夫，也不是国民革命的中心区，但国民党军界里，奉化出过55位将军（其中中将以上20人），这种“人杰地灵”，与蒋介石的提拔不无关系。

在一个地区中出过一个显赫人物，往往就会带出一大帮。到了近代，这个现象似乎特别明显。大批的同乡做了官，形成一定的势力圈之后，这个地方自然要被说成是“人杰地灵”。

中国社会的文明程度，制约着用人制度，影响着用人之风。既然“人治”的痕迹还很深，任用人才还不得不靠少数人举荐的形式，那么出于保证行政效率，保证意见比较集中，一句话，保证权力不被其他势力所威胁，任用同乡就成为非常现实的事。只不过这种做法的最终后果，是给时代打下“乡党政治”的落后的烙印。

某人顺便问起一位干部的籍贯，不想问一答百，引出他一番自豪的陈词，他掰着指头数：某书记是我们县的，某副省长是我们县的，某厅厅长、某市市长、某局局长……都是我们县人！一口气数出百十个。

我们无意探讨这种“乡党政治”的种种害处，也不想对借乡情观念拉帮结派的行为作深入的批判。引用上面例子只是想提醒大家：既然同乡观念在人们头脑中根深蒂固，足以影响一个人的思想感情和人际关系态度，那么我们在日常交往中就不可忽视它。最起码可以为你在有求于人时提供一条线索。对于同乡关系，只要不搞歪门邪道，没有到“结党营私”的程度则完全是可以用的。

9. 打虎还靠兄弟

当人们遇到困难时，大概首先想到的就是找亲戚帮助。俗话说，不是一家人，不进一家门。作为亲戚，对方也大都会很热情地向你伸出救援之手。

亲戚之间大都有血缘或亲缘关系，这种特定的关系决定了彼此之间特殊的亲密性。

必须注意的是，亲戚关系又是一种比较复杂的关系，主要表现在亲戚之间存在着多种差异，比如经济、地位、地域、性格的差异等。这些差异既可能成为彼此交往的原因，也可能成为产生矛盾的原因。

因此，亲戚关系和其他关系一样，在交往中也存在一定的规律性，如果遵循这些规律办事，彼此的关系就会越来越亲密，反之，违背了这些规律，亲戚之间也是会互相得罪的。

那么，亲戚之间在互相交往、互相求助中应注意些什么问题，才能使彼此关系更融洽、更牢固呢？

（1）经济往来要清楚，不要弄成一笔糊涂账

求助过程中，为了经济利益问题而得罪人，在亲戚之间是屡见不鲜的。比如亲戚之间的借钱借物等财物往来是常有的事。有时是为了救急，有时是为帮助，有的就是赠送，情况不同，但都体现了亲戚之间的特殊关系，把这种财物往来当成表达自己心意和特殊感情的方式。

作为受益的一方在道义上对亲戚的慷慨行为给以由衷的感谢和赞扬是

必要的。如果他们把这种支持和帮助看做理所应该，不作一点表示的话，对方就会感到不满意，而影响彼此的关系。

另一方面，对于属于需要归还的钱物，同样是不能含糊的。这是因为亲戚之间也有各自的利益，一般情况下应把感情与财物分清楚，不能混为一谈。只要不是对方明言赠送的，所借的钱物该还的也要按时归还。有的人不注意这个问题，他们以为亲戚的钱物用了就用了，对方是不会计较的。如果等到亲戚提出来时，那就不好看了。

对于来自亲戚的帮助要注意给以回报，这既是加深友谊的需要，也是报答对方帮助的必要表示。如果忽视了这种回报，同样会得罪人。

总之，亲戚之间的钱物往来，既可以成为密切感情的纽带，也可能成为造成矛盾的祸根，就看你如何处理了。

（2）不要居高临下或强人所难

亲戚之间虽有辈分的不同，但是也应当相互尊重，平等对待。特别是在彼此之间有地位、职务的差异的情况下更应如此。

常言说："穷在街市无人问，富在深山有远亲"。这就是说，就亲戚而言，财大的、地位高的人对于比不上他们的亲戚是很有吸引力的。地位低的人总是希望从地位高的一方那里得到一些帮助，同时在他们提出自己的请求时，又怀有极强的自尊心。

在这种情况下，如果地位高的一方对来求助的亲戚表示出不欢迎的态度，那就很容易伤害对方的自尊。

一般说来，地位低的人对被小看是很敏感的，只要对方露出哪怕一点冷淡的表示都会计较、不满，造成不良的结局。

还有另一种情况，就是有些人求亲戚办事，特别是办一些有违原则的事，人家不办就心怀不满，说人家不讲情谊之类的话，这也是很使人伤心的。

在有地位差异的亲戚之间最常见的矛盾是在求与被求之间，是在不能满足对方要求的情况下发生的，因此，如遇这些问题，一方应注意尽量地满足对方的需求，另一方则应考虑对方的难处，尽量不要给人家出难题，即使因客观原因不能满足自己的需求，也应给以谅解，不能过多地计较。

（3）不要一厢情愿，为所欲为

亲戚之间由于彼此关系有远近之分，密切程度上的差别，因此，在相处中要注意把握适当的分寸。

“亲戚越走越亲”，是一般原则。但是，看你如何走法。这里面也是有一定技巧的。

过去走亲戚可以在亲戚家住上一年半载，现在就有很多的不便。大家都有工作，都有自己的生活习惯，住的时间过长，很多矛盾就会暴露出来。

还有的人到亲戚家做客不是客随主便，而是任自己的性子来，这就给主人带来很多的麻烦，也容易造成矛盾。

比如，有的人有睡懒觉的习惯，每天要睡到很晚才起床，他们到亲戚家也不改自己的毛病。主人要照顾他，又要上班，时间长了就会影响主人工作和生活的正常秩序，进而影响彼此的关系。

还有的人不讲卫生，到了亲戚家里，烟头到处扔，人家收拾不及。如果时间不长，人家还可能忍耐克制，要是日子长了，矛盾就会暴露出来。

因此，在亲戚交往中也有一个优化自己行为方式的问题，如果方式不当同样会得罪人。

10. 同学是靠得住的贵人

同学关系是所有人际关系中最纯洁的一种，因为是同学，我们可以同榻共眠；因为是同学，我们可以推心置腹；更因为是同学，我们要成为彼此生命中的贵人。

谁没有几位昔日的同窗？千万不要把这种宝贵的人际关系源白白浪费掉，要改变处境，从现在开始，你就要努力地去开发、建设和使用这种关系。一般从相遇到交往之初、再到培养成为伙伴的关系，经常需要长久的酝酿期。倘若这种交往形态是发生于同学之间，其酝酿期必将缩短不少。

同学关系是非常纯洁的，有可能发展为长久、牢固的友谊。因为在学生时代，人们年轻单纯，热情奔放，对人生对未来充满浪漫的理想，而这种理想往往是同学们共同追求的目标，曾几何时，彼此在一起热烈地争论和探讨，每个人的内心世界都袒露在别人面前。加之同学之间朝夕相处，彼此间对对方的性格、脾气、爱好、兴趣能够深入了解。因此，在同学中最容易找到合适的朋友。

现在，具体来谈谈在同学中寻找和建立朋友关系的做法。

虽然彼此的工作领域不同，但可以将焦点对准在目前的现状上。原则上，只要拥有进取心、且正在积极奋斗的人即可。即使对方在学生时期与你交往平淡亦无妨，你必须主动地加深与其交往的程度。如果你很幸运地找到凡事均能热心的对象时，就更易与其建立基础的良好关系了。

以一种崭新的角度去评量过去交往的同学，或已经很久没有联络的同窗好友，努力进行另一程的人生之旅吧！

在运用前述的方法时，同时也可并用另一种方法，以扩大交往的范畴。这个方法是通过同学录上的工作性质来加以取舍再展开交往。

如果，你在学生时期不太引人注目，想必交往的范围也很有限。然而，现在你已大可不必受限于昔日的经验，而使想法变得消极。因为，每个人踏入社会后，所接受的磨练均是不同的，绝大多数的人会受到洗礼，而变得相当注意人际关系的重要性，因此即使与完全陌生的人来往，通常也能相处得好。由于这种缘故，再加上曾经拥有的同学关系，你可以完全重新展开人际关系的塑造。换言之，不要拘泥于学生时期的自己，而要以目前的身份来展开交往。

此外，不论本身所属的行业领域如何，应与最易联络的同学（初中、高中、大学等）建立关系。然后，从这里扩大交往范围。不妨多运用同学身边的人际关系。

第七章　嘴巴也能布大局，做个舌灿莲花的人

做事的时候，尤其是谈判、沟通的时候，你是否会有打不开局面，一时间不知如何继续下去的尴尬？此时，你是否会觉得自己以前只知埋头做事，不知培养口才是个错误？你一定希望拥有诸葛亮般的三寸不烂之舌，直说得对方无力招架，只有接受你要求的份。别着急，本章教给你如何做个舌灿莲花的人。

1. 打动对方是最重要的

做事的时候，最忌讳的就是言之无物，夸夸其谈，大话连篇。因此，要言之有物，打动对方是最重要的。

在与别人交谈的时候，所要找的话题要有一定的亲切感，最好找这个人比较喜欢的话题，激起对方的共鸣，同时还要掌握一定的说话技巧，这样接下来再办事就容易多了。

说话要让自己身临其境，让自己为话题而感动，这样才可能会更好地感动他人。比如在销售领域，再好的话题，如果销售人员自己不为所动，肯定难以感染顾客；另外，那些比较新颖幽默的话题都是受人们欢迎的。

说话的态度是谈话技巧的一项基本原则。在讲话的时候，有时候想要把自己说话的态度变得自然一些，最好的办法就是把自己当作一位讲师，把自己的讲话想像成正对着一般学员讲解，内心里没有恐惧担心，让自己心里的思想自然地流露出来。因为你把自己当成一位讲师，别人就会对你表示尊敬，这种说话方式可以让人自然接受。

自然与不自然的区别相差是非常大的，就像是：许多人学鸟叫的时候，虽说他们学得十分逼真，几乎听不出那是人模仿出来的。但是其中有一点是大多数人都做不到的，那就是没有办法让人为之感动。而当我们真的听到了树上的鸟叫声，就立刻会有所感动，会产生一种说不出的愉快，所以说它们的区别是很大的。说话时很自然地流露出来，也就是真正地把自己的情绪给激活了，这也让听者感到你的言语格外的动人。

如果多留意，你就会发现，有人把一种意见用诚挚而易令人感动的语气对你说出来，这个时候，你的心里就不容易产生相反的意见。所以，假如你准备给人一个好的印象并使人赞同，这时候，你就需要激起人的感情，比引起人的思考更为有效。

常见的语言中，也包括“肢体动作”。因为每个人只要是在别人眼中出现的那一刻起，一直到你开口说话之前，在这一段时间里，你都在不停地说话，只是不用口说而已。

在你开口之前，你的眼睛、你的动作、你的全身都在表达某种意思，这些你所表现的东西，会使人准备听你说话，或是不想听你说话，使人对你心生敬意或是产生反感，所以在开口之前的这段时间要特别注意。

在开口之前，你必须用你身体的全部，向听的人传达你对他们的敬意与好感，暗示出你所要说的话的重要性和它基本的色调。不只是在演说的时候要如此，在平时说话的时候也要这样。即使在与朋友闲谈的时候，也要注意，在说话的时候，不能太过于激动，但是只要你做的自然得体，它会对你的言语有极大的帮助。

有时候采取一些不寻常的姿势，有可能会帮助你，比如说你在说话的时候突然站起来，或是言谈之中，把你的座位向对方移近一点，或者是选择一个好的位置，这些都可以帮助你的谈话。

这样手口并用，不会说话的也成了会说话的了，但是手势不能做得太多，如果每一句话都配上手势，就会让人觉得很不自然。比如，说重点的地方，配上一些适当的手势，能够使人在听你讲话的时候，不但可以耐心听，而且还可以看到，也会因此吸引人更多的注意力。

交际上最让人头痛的就是乱说话，乱挥乱舞手势。不自然的手势会招致许多人的反感，也正是因为这些而造成了交际上的一些障碍。那些优美动人的手势常常会令人心中充满惊喜；非常柔和温暖的手势会令人心中充满感激；非常坚决果断的手势，好像具有毋庸置疑的力量。

有的手势令人深刻地感到他的热情和欢喜；有的手势却让他轻率得像个阿飞；有的手势漫不经心；有的手势使人觉得他洋洋自得；有的手势告诉你他非常忙，正要赶着去办一件紧急的事情；有的手势又告诉你，他有要紧的事情要和你谈，请你等一等。

曾经有位评论家这样说："大家都爱说自己受理智的支配，其实在整个世界上，都可以被感情所转移。"不管他在讲重大的政治和经济问题，或是个人的旅行杂谈，只要他感到心里确有一番非说不可的话，那他的话，就会像火一般的炙热了。影响对方的力量之大，像膨胀的蒸汽一样。

有一位美国的著名心理学家，威廉·詹姆斯，他曾写下这么一段话："动作好像是跟着感觉的，但实际上动作和感觉是同时发生的，所以我们直接用意志去纠正动作，也就是间接去纠正了感觉。"其实这与说话是一样的，例如我们如果失掉了愉快，惟一的恢复方法，便是快活地坐起来，主动说话，愉快就似乎已经和我们同在一处了。如果这办法还不能达到效果，那便没有别的方法了。

所以，当我们感觉到勇敢时，我们就会真的变得很勇敢。用我们整个意志去达到目的，是用你的勇敢去代替惧怕的最好方法。不过，你必须先准备好一切动作，否则恐惧仍旧不易消失。假如你要讲一些话，在充分考虑了后，先做半分钟的深呼吸，这也是一项重要的准备工作，因为只要多吸一些氧气，就会使勇气增加，只有这样才能够自救。

2. 分清主次，紧扣主题

说话是有技巧的，不能一语中的要害，就起不到什么作用。对于那些善于说话的人，在处理事情时不是与对方不停地周旋，而是抓住问题关键，直击要害。

现实生活中大多数人愿意穷其一生去学习科学、文学和其他各种知识，但他们却完全忽视了语言能力的训练和提高，这常常使他们显得木讷呆板。也许他们在自己的专业领域造诣很高，但在社交场合却羞于开口，沉默不语，像一个无足轻重的人，还有比这更令人沮丧的吗？看到那些才能不及自己十分之一的人，在公众场合滔滔不绝，自己却静静地坐在一旁，只有洗耳恭听的份儿。其中的区别只是，一个是平时注意培养自己的语言表达能力，另一个却是毫不在意。

谈话如果抓不住重点、拐弯抹角、不着边际，容易让人厌倦。

假如与一个说话不着边际、洋洋万言却切不中要害的人谈业务，你肯定会疲惫不堪，甚至会感到厌烦和恼火。

有一种人，你永远也不知道他想说什么，他总是在问题的周围绕来绕去，他们的思想衔接不起来，让人无法理清他们的思路。倘若说话总是如此不着要点，会让人无法忍受。

在生活中，人们都不喜欢和说话拐弯抹角、滔滔不绝，并且还是没有主题的人打交道。他们每次都会使人失去耐心，即便你多次看手表，提示时间，他们好像视而不见，似乎没有完的时候，这样的人讨厌至极。

一个有远大抱负的年轻人，不能有这种习惯。这种习惯对事业的发展有严重影响，是成功的敌人。凡是工作效率高、有很高管理才能的人，无不说话简练、利落、主题明确。而人们喜欢和这样说话的人做朋友，他们恰恰也是事业有成、口碑极好的人。如果和这样的人打交道真是一种享受，他们不会烦人，更不会无端耗费别人有限的时间和精力。

这种人是思维敏捷、善于决断，以及高效率工作的人。如果一个人很早就注意自己的不足并能加以改进，做事思想集中，说话言简意赅，就可以培养出很高的经营管理才能。在与他的交往中，肯定能够体现出雷厉风行的素质。

汉代著名丞相萧何，有一次向汉高祖刘邦请求将上林苑中的大片空地让给老百姓耕种。

上林苑是为皇帝游玩、嬉戏、打猎、消遣的园林。刘邦一听萧丞相居然要缩减自己的园林，不禁勃然大怒，认为萧何一定是接受了老百姓的大量钱财，才这样为他们说话办事的。于是下令把萧何逮捕入狱，同时审查治罪。

就在这紧要关头，旁边一位姓王的侍卫官上前劝告刘邦说："陛下还记得原来与项羽抗争以及后来铲除叛军的时候吗？那几年，皇上在外亲自带兵讨伐，只有丞相一个人驻守关中，关中的百姓非常拥戴丞相，假如丞相稍有利己之心，那么关中之地早不是陛下的了。您认为，丞相会在一个可谋大利的情况下而不谋，反而会贪占百姓和商人的一点小利吗？"

简单几句话，句句击中要害。刘邦深有感触，终于认识到自己的鲁莽，对不起丞相的一片诚心，自己感到非常惭愧，于是当天便下令赦免了萧何。

汉代的另一位开国元勋周勃，曾经帮助汉室铲除吕后爪牙，迎立汉文帝，有定策安邦的大功。可后来当他罢相回到自己的封地后，一些素来忌恨周勃的奸伪小人便趁机向汉文帝诬告周勃图谋造反。汉文帝竟然也相信了，急忙下令廷尉将周勃逮捕下狱，追查治罪。按汉代当时的法律，凡是图谋造反者，不但本人要处死，而且要灭家诛族。

就在周勃大祸临头的时候，薄太后出来劝文帝说：“皇上，周勃谋反的最佳时机是您未即位时，当时先皇留给您的玉玺在他手上，而且他还统率着主力部队，但是周勃一心忠于汉室，帮助汉室消灭了企图篡权的吕氏势力，把玉玺交给了陛下。现在罢相回到自己的小小封国里居住，怎么反而在这个时候想起谋反呢？”听了这话，文帝的所有疑虑都没了，并立即下令赦免了周勃。

抓住说话的重点，是每一个想要成大事者都必须修炼的，通过短短几句切中要害的话，也许就可以成就一个人的未来。

3. 不怕难下手，就怕难开口

美国石油大王洛克菲勒说："假如交际沟通的能力如同糖和咖啡一样是商品的话，我愿付出比太阳之下任何东西更高的代价购买这种能力。"由此可见交际沟通能力在做事中的地位。

艾柯卡是美国最著名的企业家之一，曾在美国民意测验中当选为"美国最佳企业主管"。他曾经担任美国福特汽车公司的总经理，后来却在另一家汽车公司——克莱斯勒公司濒临倒闭时，就任克莱斯勒公司的总裁。

当时的克莱斯勒公司产品质量不高，债台高筑，求贷无门，人浮于事，就像一只漏水的船在波涛汹涌的海面上渐渐下沉。

艾柯卡明白，要东山再起，重振企业，必须尽快着手开发新型轿车，重新参与市场竞争，除此之外没有第二条路可走。但是，当时大大小小的银行没有一家肯贷款给他的公司。严酷的现实迫使艾柯卡向政府求援，希望得到政府的担保，方便自己从银行贷到10亿美元的贷款。

消息传出后，在社会各界引起了轩然大波。原来，美国企业界有条不成文的规定，认为依靠政府的帮助来发展企业，是不符合自由竞争原则的。

面对眼前的困境，艾柯卡既没有泄气，也没有抱怨，他知道沟通比抱怨更重要。他决定采取各个击破的策略，来达到自己的目标。他每天工作12～16小时，奔走于全国各地，到处演讲游说；同时，又不惜重金雇请说客，游说于国会内外，活动于政府各部门之间，同他相互呼应。

在演讲中，他援引史实，有根有据地向企业界说明以前的洛克希德公司、华盛顿地铁公司和全美五大钢铁公司都先后得到过政府的担保，贷款总额达4097亿美元。克莱斯勒公司在濒临倒闭之际请政府担保，仅仅是为了申请10亿美元的贷款，本来是不该引起人们非议的。

对政府部门，艾柯卡替政府算了一笔账：如果克莱斯勒公司现在破产，会造成60万工人失业，全国的失业率会因此而提高0.5个百分点，政府第一年便必须为此多支付27亿美元的失业保险金及其他社会福利开支，而最终又将会使纳税人多支出160亿美元来解决种种相关的问题。

艾柯卡了解议员们重视金钱，所以他为每一个国会议员开出一张详细的资金清单，晓以利害。

艾柯卡的公关战略终于获得了成功，企业界、新闻界、国会议员都不再反对担保，美国政府也开始采取积极合作的态度。在他的不懈努力下，终于得到了用于开发新型轿车的10亿美元贷款。

同时，艾柯卡在公司内部做了大量的变革。他主动放弃每年36万美元的年薪，只领取1万美元。他说："只要大家都同样的多承受一份苦难，就能搬掉一座大山，只要能做到同甘共苦，人们就能够忍受巨大的痛苦。"果然，奇迹出现了，在面临世界性石油危机的形势下，美国整个经济出现了衰退。但艾柯卡只用了三年时间，使克莱斯勒公司开始扭亏为盈，第4年便获得9亿多美元的利润，创造了这家公司有史以来最好的经营纪录。

很多商人精于沟通的技巧，并从中摸索出了许多可贵的经验，他们在交际中看重其他因素的同时，对沟通能力也非常重视，这是他们从商经验中对交际往来的智慧体现。相反，不善于沟通的最后结果只能是失败。

4. 巧妙委婉地拒绝

涉世格言："严苛的拒绝，会使友情成仇；巧妙的拒绝，不仅使你的目的达到，而且可使友谊弥久。"

生活中有着许许多多的"怪现象"，明明是对你有利，你却断然否决，明明这人不适合于你，你又碍于面子，难以拒绝而接受，明明是你不愿做的事情，在别人的盛邀下，只好勉强而为之……

唉！拒绝真难！

拒绝真的这样难吗？我们如何走出人情关系的误区，巧妙地说出"不"字呢？请你往下欣赏——

朋友小D是个涉世老手，承包经营着一家新技术开发公司。几年来，市场瞄得准，技术开发战略决策恰当，科技人员力量雄厚，经营管理科学，使得企业产值和利税大幅度上升，经济效益极好。因而引得许多人都想往这个单位钻。

一天，他的一个老上司打电话，想给他推荐一个职员。碍于面子，小D就让老上司带着求职者来面试。面试结果很不理想，让这人进入公司吧，养了个庸才，而且会破坏公司进人制度，进人口子过大过松，影响公司长远发展；不接收吧，老上司以前待自己不错，碍于面子，不好拒绝。思前想后，小D终于有了解决的办法。

小D首先请老上司和那个求职者参观了解一下公司工作室各人员忙碌的情况和做事的难度，以及进人规章制度。接着向老上司汇报了发展情况：“老上司，前几年，在您的指导下，公司发展很快，公司上下都非常感谢您的理解和支持。去年年初，我们按照您的指示修订和加强了管理制度和岗位用人制度，效果非常好，希望您能继续指导。对于您介绍的这个小伙子，所学与我们不对口，公司研究没有通过，也是怕影响今年的承包指标完成。如果有别的适合单位的话，我再会想办法让他去试试。老上司，您看这样好吗？”

小D通过让他们了解实际情况，“开诚布公”地拒绝了，即使不拒绝，求职者也很可能会畏缩。小D以老上司指导而定的制度，即大大恭维了老上司，给了他很大面子，同时又以制度和合同指标给老上司指出了“两难”境地。此外，以本单位不适合，还有别的单位可能接收，留给对方一个后路。这种拒绝法真可谓洞察人性、巧妙拒绝。

从这个例子可以看出，要巧妙地拒绝应该做到：

（1）让对方了解实际情况和难处，开诚布公地拒绝，使对方相信你的真诚。

（2）要给对方留下面子，切不能伤人自尊。别人之所以来你这里求职，一方面是你公司的发展前景好；另一方面也是公司的声誉佳。拒绝对方而不留面子，不仅会破坏你们的关系，而且也会影响公司招纳贤才的礼让形象。所以绝对不能以伤人自尊的方式拒绝对方。

（3）力求使对方释然、高兴地退下。让对方感觉到公司的发展也有对方的一份力量（虽然不是公司职员，但局外人的支持和帮助也是难能可贵的），这使得公司增强了一份社会力量。

（4）要在时间、地点上注意选择拒绝方式。一个原则是的确无能为力时，要及早拒绝，坚决不拐弯抹角地拒绝，好让对方有所准备，避免招致对方的错觉和不必要的麻烦。

诚然，对于这种情况，你总会有点不安，但是你不能不拒绝。那么巧妙地布置，把交际当舞台，安排好拒绝的主角和配角，充分展示你的人际交往艺术，于是你达到了你的目的，也避免了造成关系的僵化。

巧妙的拒绝，是伴随你成功的一把小钥匙，不妨经常磨磨它，免得生锈了。

5. 处世圆通慎言语

嘴不把门的后果往往很可怕。说话太直率，锋芒必定伤人。别人反戈一击，自己有时候不仅仅是受伤，有可能会危及性命了。

“人情练达即文章，处世圆通慎言语。”自古以来，直言直语被当作一种美德颂扬着。直言直语的人，均以一个面孔对待别人，内心不存心机道道，不要阴谋花招，不投机钻营，有什么话便说什么话，做事合则卖力，不合则横目而对。在错综复杂的社会里，人心难测，处世艰难，人们在烦扰之余，谁不想与这样一个毫无心机的人相处？

但是，在这个机簧暗藏的社会里，谁又自己愿意做一个“愣头愣脑”的人物？

原因在于，直言直语，既伤他人，还会伤了自己。这样的人由于太直，会给人造成尴尬的局面；由于太莽撞，会与人形成冲突和争斗；由于心道太直，容易被人利用；由于难藏话语，无益成事……

试想，当你的亲人不幸得了一场极为严重的病症时，你总想让你的亲人能够安下心来轻轻松松地接受和配合治疗，你能告诉病人他得了不治之症？你能容忍别人对病人“直言直语”？不，你不会，同时你还要求他人在病人面前替你隐瞒，不想让“直言直语”给你病体衰弱的亲人再加以打击。

直言直语还会使善意变成“恶意”，友好变成敌对。

我的一个朋友是个直性子的人，他的直言直语差点使他的上司炒了他的“鱿鱼”。

公司开展民主评议活动，上司让职工评议其不足，提出意见，众多职工或默然、或轻描淡写地颂扬一番，惟有这位老兄在肯定上司的成绩之后，却又直言不讳地提出了不足。于是上司的笑容一下僵固在那儿，上司从此疏远了这个踏实能干而又忠于他的下属……

的确，民主评议应该“直言直语”，畅所欲言。朋友的目的也完全出于一片好心，“只有在批评和自我批评中才能不断提高”，何况又是上司自己让大家给他提意见，这位年轻不经世的直肠朋友不明人世的复杂，一个筒子思维，一杆眼里冒烟，实在呛了上司的鼻孔。

“不要在公共场合下直言直语，指责别人的过错。”请你记住这句话。

“匹夫之怒，拔刀而起。”直言直语的人缺乏忍耐，稍有不是，便忍耐不住、怒气冲冲。结果，无事可能变成有事，小事可能酿成大祸。若不明是非，为野心家所利用，“仗义直言”很可能会造成仇者快、亲者恨的恶果。

“三思而后行”，前辈们曾苦苦叮咛劝诱，“直言直语，既伤别人，又伤自己。”

那么，直肠子人如何避免出现伤人伤己的严重后果呢?

首先，“张飞穿针，要粗中有细。”遇着紧要事，不可莽撞行事，更不可“怒从心头起，恶向胆边生”，要先想后果，否则不仅于事无补，反倒乱了步子。所以力争忍让权衡，或找一经验丰富的知心朋友商量。

其次，若思量无策，而拖延又无甚大碍，则把它放到一边。采用目标转移法，“事不关己，高高挂起”也未尝不可。

其三，欲尽下属或朋友之责，劝说上司或朋友的某种过错，当选择委婉曲折方法，且宜场中人越少越好。古之忠谏而又令君主笑纳者首推邹忌，而伍子胥之竭忠尽胆，直言无忌，终不能成事，徒悬头颅于国门罢了，所以直性子人不得不注意慎重从事。

6. 良好的谈吐是做事成功的催化剂

良好的谈吐，可以增进人与人之间的相互了解，可以把彼此间的歧见，逐渐转化为共同的意见。它代表一个人的精神、睿智和学识修养。

办事会取巧的人往往善于说话，善于说话的人往往容易办成事，因此你要培养良好的谈吐。

人类用来沟通的工具或媒介，包括语言、文字、态度、表情和姿态。其中最普遍、最有效的工具为语言，它占所有的沟通流量百分之九十以上。良好的谈吐，可以增进人与人之间相互了解，可以把彼此间的歧见，逐渐转化为共同的意见。它代表一个人的精神、睿智和学识修养。更重要的是它能增长智慧，使你办起事来更容易。

有位名叫亚诺·本奈的小说家曾说："日常生活中大部分的摩擦冲突都起因于恼人的声音、语调以及不良的谈吐习惯。"此话说得颇有道理。何故？只要我们细察生活于自己身边的人就会发现，谈吐的缺陷往往可能导致个人事业的不幸或损及所服务机构的荣誉与利益，可能导致父子不和、夫妻离异乃至人际关系的紧张恶化。一个人的谈吐如何，往往决定企业是否愿意聘请他工作、与之交往，或是否愿意投他信任一票与之发生商业关系。

一个有良好谈吐习惯的人不仅受人欢迎，而且做事更易成功。反之，一个人如果谈吐有障碍或者表达能力不足，则会被人低估他的能力，会被人散播残酷无情的谎言，还会被人扭曲形象。一个人即使思想如星星熠熠生辉，即使勤奋得如一头老黄牛，即使知识渊博得像一本百科全书，但若缺乏良好的谈吐能力，成功的机遇往往比做事有“心计”有良好谈吐的人要少得多，也往往难以达到自己的理想目标。

善于用心的人会发现平常说话有许多口头“敬语”，可以用来表示对人尊重之意。“请问”有如下说法：借问、敢问、请教、指教、见教、讨教、赐教等；“打扰”有如下词汇：劳驾、劳神、费心、烦劳、麻烦、辛苦、难为、费神、偏劳等等委婉的用词。如果我们在语言交际中记得使用这些词汇，相互间定可形成亲切友好的气氛，减少许多可以避免的摩擦和口角。

你和人相见，互道“你好”，这再容易不过。可别小瞧这声问候，它传递了丰富的信息，表示尊重、亲切和友情，显示你懂礼貌，有教养，有风度。

日本人说话爱道“谢谢”。有人统计，一个在百货公司工作的日本职员，一天平均要说571次谢谢，否则他就不是一个好职员，有被解雇的可能。不管571次这个数字是否准确，但有一点须承认，顾客如果买了东西，营业员对他说声“谢谢，欢迎再来”，顾客不买东西，只是逛了一圈，仍对他说声“谢谢，欢迎光临”，相信你更愿意光顾这样洋溢着温馨气氛的场所。

美国人说话爱说“请”。说话、写信、打电报都用，如请坐、请讲、请转告。传闻美国人打电报时，宁可多付电报费，也绝不省掉“请”字，因此，美国电话总局每年从请字上就可多收入一千万美元。美国人情愿花钱买“请”字，我们与人相处，说个“请”字，既不费力，又不花钱，何乐不为？

英国人说话少不了“对不起”这句话，凡是请人帮助之事，他们总开口说声对不起：对不起，我要下车了；对不起，请给我一杯水；对不起，占用了您的时间。英国警察对违章司机就地处理时，先要说声“对不起，先生，您的车速超过规定”。两车相撞，大家先彼此说对不起。在这样的气氛下，双方自尊心同时获得满足，争吵自然不会发生。

相形之下，我们有些人做得不够，马路上，骑车者碰倒了行人，有的骑车者会先发制人：“混蛋，你怎么不闪开？”被撞者是受害方，自然不会让步，于是谩骂、厮打的事情常有发生。此时，如果骑车人开始真诚地说声“对不起，您没伤着吧”，被撞者再大度一些，结果会大不相同。

语言沟通与个人的人格特质关系密切。人格是一个人恒常固定的行为模式。现在针对如何改善语言的沟通，提出如下建议：

懂得赞扬别人。赞扬别人要对事赞扬，并表示真诚。

争辩是伤害人际关系和友谊的毒箭，多用商量和协调，少逞强争辩。

说话不可武断，不说扫兴话。即使心有不快，亦不可借嘲弄来讽刺别人。

语气要温和客气，越是不满和激怒，越需要用温和与客气来处理，顶撞绝无好处。

避免采取教诫别人或碍于情面而勉强接受意见，那对彼此都无好处。要平心静气讨论问题的本身，而不能毛毛躁躁地攻击对方的自尊。

要学会聆听，仔细的听，欣赏别人的意见，并琢磨它究竟与自己的意思相差多远。

当你被激怒快发作时，应该说“让我想想”，争取短短的十几秒钟，让自己不说话，你的心思会有时间和空间来做休息，激动的语言就不致脱口而出。

少使用批评的语句，多解析事情的真相，先谈彼此认同的事情，让对方一开始就说："不错！不错！"接二连三地提出对方认为正确的部分，又次次赞同他的论点。最后，使对方不知不觉地同意几分钟前还坚决否定的结论。千万不要直接告诉他的错处，而要平心静气引导对方赞同自己的结论。

今天，说话的作用，在个人成长和工作中日渐重要，可以说良好的谈吐是你做事获得成功的催化剂。

7. 让陌生人不再陌生

虽然每个人都有自己熟悉的朋友圈，但是找陌生人办事与陌生人打交道也是家常便饭。毕竟陌生人不比朋友，与之接触难免有拘谨感，这里教你如何消除与陌生人的疏远感，拉近彼此的距离，让你在与陌生人轻松相处中把事办好。

要想让陌生人不再陌生，建议你先考虑一个问题，为什么你跟老朋友谈话不会感到困难？很简单，因为你们相当熟悉。相互了解的人在一起，就会感到自然协调。而对陌生人却一无所知，特别是进入了充满陌生人的群体，有些人甚至怀有不自在和恐惧的心理。你要设法把陌生人变成老朋友，首先要在心目中建立一种乐于与人交朋友的愿望，心里有这种要求，才能有行动。

这里，以到一个陌生人家去拜会为例。如果有条件，首先应当对拜会的客人作些了解，探知对方的一些情况，关于他的职业、兴趣、性格之类。

当你走进陌生人住所时，你可凭借你的观察力，看看墙上挂的是什么，国画、摄影作品、乐器……都可以由此推断主人的兴趣所在，甚至室内某些物品会牵出一段故事。如果你把它当做一个线索，不就可以由浅入深地了解主人心灵的某个侧面吗？当你抓到一些线索后，就不难找到开场白。

如果你不是要见一个陌生人，而是参加一个充满陌生人的聚会，观察也是必不可少的。你不妨先坐在一旁，耳听眼看，根据了解的情况，决定你可以接近的对象，一旦选定，不妨走上前去向他作自我介绍，特别对那些同你一样，在聚会中没有熟人的陌生者，你的主动行为是会受到欢迎的。

应当注意的是，有些人你虽然不喜欢，但必须学会与他们谈话。当然，人都有以自我兴趣为中心的习惯，如果你对自己不感兴趣的人不瞥一眼，一句话都不说，恐怕也不是件好事。你可能被人认作是骄傲，甚至有些人会把这种冷落当做侮辱，从而产生隔阂。和自己不喜欢的人谈话时，第一要有礼貌；第二不要接触有关双方私人的事，这是为了使双方自然地保持适当的距离，一旦你愿意和他结交，就要一步一步设法缩小这种距离，使双方容易接近。

在你决定和某个陌生人谈话时，不妨先介绍自己，给对方一个接近的线索。不妨先说说自己的工作情况，也可问问对方的工作情况。一般情况，你先说说自己的情况，人家也会相应告诉你他的有关情况。

接着，你可以问一些有关他本人的而又不属于秘密的问题。对方有一定年纪的，你可以向他问子女在哪里读书，也可以问问对方单位一般的业务情况。对方谈了之后，你也应该顺便谈谈自己的相应情况，才能达到交流的目的。

和陌生人谈话，要比对老相识更加留心对方的谈话，因为你对他所知有限，更应当重视已经得到的任何线索。此外，他的声调、眼神和回答问题的方式，你都可以揣摩一下，以决定下一步是否能纵深发展。

如遇到那种比你更羞怯的人，你更应该跟他先谈些无关紧要的事，让他心情放松，以激起他谈话的兴趣。和陌生人谈话的开场白结束之后，特别要注意话题的选择。那些容易引起争论的问题，要尽量避免。为此，当你选择某种话题时，要特别留心对方的眼神和小动作，一发现对方有厌倦、冷淡的情绪时，应立即转换话题。

在与人聚会时，常常会碰到请教姓名的事，你要牢牢记住对方的姓名，对方说出姓名之后，你应立即用这个名字来称呼，当你碰到一个可能已经忘记了的人，你可以表示抱歉：“对不起，不知怎么称呼您？”也可以说半句“您是——”，“我们好像——”，意思是想请对方主动补充回答，如果对方老练他会自然地接下去。

8. 找准切入点，勇开“金”口

办事时若是遇上了糟糕的沉默，请你找准切入点，勇开“金”口，也许胜败就在此一举。

如果你在办事中与对方陷入了有害的沉默中，那将是非常糟糕的事情，做事会取巧的人一定不会放任这种沉默，而是想办法去打破它。

打破沉默局面通常有两个基本要求。一是深入分析引起沉默的真实原因。如张三因患急性咽喉炎而不愿说话，你却以为张三对你说话的主题没有兴趣，于是转换话题想打破对方的沉默状态，那肯定是难以奏效的。二是在打破沉默的过程中，不要给对方以压迫感。只有巧妙地打破沉默，才能给双方带来语言沟通的热情和感受到社交的乐趣。如，你的朋友第一次参加某社团的集体活动，会拘谨而沉默寡言，这时你可主动向他介绍有关的情况，并引见诸位，在轻松愉快的气氛中，使你的朋友不知不觉地消除拘束感，沉默也就被打破了。

打破沉默局面，应该从许多方面着手。

（1）放下架子

如果是你太清高、架子大，使人敬而远之，而造成了对方的沉默，则主要应从完善自己的个性着手，在社交场合中主动些、热情些、随和些。

如果是你太自负，盛气凌人，使对方反感，而造成了沉默，则要注意培养谦虚谨慎的品德，多想想自己的短处，在社交场合中适当褒扬对方的长处，并真诚地向对方表明学习态度。

如果是你口若悬河，讲起话来漫无边际，无休无止而导致了对方的沉默，则要注意应适可而止，并主动征求对方的看法和意见，让对方也有机会表达自己的立场和观点。不要让人觉得你是在作单方面的“说教”，而应让人觉得彼此在进行双向沟通，让对方产生你很重视他的观点的印象，引起他的交谈欲望，从而使谈话不致陷于沉默之中。

（2）说他感兴趣的话题

如果对方流露出对此话题不感兴趣而不想开口的情绪，那最好是马上转移话题，选择对方乐于谈论的事情进行交谈。或故意创造机会让对方自己转移话题。

如果对方事先没有准备，对此话题有兴趣但又不知从何谈起，那么应以简明的、富有启发性的交谈来开阔对方的视野，活跃对方的思想，从而引起对方的谈话兴趣，消除沉默。

如果对方自我防卫的意识太重，不轻易开口，那么，就要努力创造非正式的交谈气氛，支持和鼓励对方无顾忌地坦率交谈，不马上反驳对方的观点，对其一些合理的看法给予赞许，促其进入交谈。

如果对方过于谦让而造成了沉默，则要增强交谈的热烈气氛，用紧张而有趣的谈话激发沉默者进入交谈。

（3）寻找共同点

如果是因为双方互不了解，不知谈什么得体，那么就应当主动作自我介绍，并使交谈涉及尽可能广泛的领域，从中发现双方的共同话题。

如果因双方过去曾经发生的磨擦或隔阂而造成了沉默，那么就应该高姿态，求大同存小异，或者干脆把过去的隔阂抛在脑后，仿佛什么也没有发生似的，热情地与之攀谈，增强信任和友善的气氛。

如果是刚刚发生了争论而出现了沉默，那么就应当冷静下来，心平气和地谈些无分歧的问题；如果局势太僵，则可暗示在场的第三者出面积极调解，打破沉默。

（4）找个合适的环境

如果对方觉得这个环境不适合他发表意见，那么可以换个环境，也许他就愿意敞开思想来谈。如果对方认为环境中的个别因素妨碍了交谈，在可能的条件下，可以排除这些干扰因素，使对方积极地参与交谈。

当下这个社会，一个做事会取巧的人总能把话说到点子上，打破令人尴尬的沉默，让别人心甘情愿高高兴兴替你把事办好。

9. 唯唯诺诺是无主见的表现

唯唯诺诺，是退缩、软弱、依赖、懈怠的象征。一个人说话唯唯诺诺，办事唯唯诺诺，只能说明这个人很窝囊，难有发展。尤其是一个唯唯诺诺的下属，恐怕一辈子都要在原来的职位上蹲着。

什么是唯唯诺诺？它是一个人没有自信、没有魄力，缺乏勇气的一种表现，是一种软弱的心理缺陷。唯唯诺诺者多遵守纪律，乐于服从，但在许多情况下，这种服从对领导者来说是一种无用的服从。因为这种人给人的感觉便是，难当大任，不可能会创造性地开展工作，独当一面地成为领导的"台柱子"。

被称为"推销之神"的日本明治保险公司理事原一平就是靠着他的勇气和胆识博得了领导的赏识并最终获得事业上的成功。

原一平31岁时，仍不过是明治保险公司的一名普通外务员。一次，他想进谒三菱财阀的最高负责人兼本公司理事长川田万藏，请求他写一封介绍信，以便结识日本各企业高级经营人员，开展保险业务。

他走入三菱总公司大厦川田理事长的会客厅，坐了好长时间，竟睡着了。后来，他的肩膀被人戳了几下，只听见川田理事长大声喝道："有什么事啊？"原一平吓了一跳，狼狈地站在起身来，好半天才说清来意。

川田没好气地反问道："什么？你想要求我做介绍保险对象这种玩意吗？"

原一平听后，不禁气冲冲地嚷了起来："你这个混账东西！你竟然说保险是一种‘玩意’，公司不是一直教育我们说保险是正当事业吗？亏你还兼着保险公司理事长，我这就回去告诉大家。”说罢，他掉头冲出客厅。

原一平十分沮丧，很晚才回到家。一进门，却看到川田派人送来的急信，上面写着：

“今天你特意来见我，我却白活了这么大岁数，没能善待你，实在失礼了。明天是休息日，如不嫌弃，请拨冗到舍下一趟。”

第二天，原一平受到了接见。川田从原一平的暴怒中欣赏到他对工作的忘我的热忱，认为他是一个尽职的干才，决定予以重用。

这个例子告诉我们，下级应该在工作中表现出勇气和热忱，敢于对领导的错误予以指出，敢于表现自己的才能和自信，从而使领导认识你，欣赏你，信赖你，委以重任，成为领导事业上的助手和知音。

所以，作为一个下属要想获得领导的重视和尊重，使自己成为一个对领导有用、甚至是无法离开的人，就要尽量避免唯唯诺诺这种软弱的表现。

正如曾在日本电力公司服务，被人称为“公司之鬼”的松永安左卫门曾经说的那样：

“人要有气魄。只要有气魄，天下无难事。丧失气魄的人，就没救了，有气魄者，地位、金钱，均可纷至沓来。”

我们说，下属能够取信于领导，能够为领导所重视和尊重，最重要的是不仅要有实力还要有做事的技巧。聪明的下属会在领导面前表现自己的才干和魄力，替领导解决问题，领导才不会忽视你。而唯唯诺诺者靠的则是领导的怜悯，一旦他不再需要你时，你便会变得一无是处，而且，你的软弱表现还会助长他的侵害性行为。

唯唯诺诺，会使你的才干被埋没，得不到领导的赏识。领导说什么，就是什么，不敢提出反对意见，你的很好的想法也就不为人知，你的才干就无法充分发挥出来。没有对你工作能力的欣赏，领导是绝不会看重你的。

唯唯诺诺，会使领导对你的才干产生怀疑。唯唯诺诺，是一种消极的行为方式，表现的是人的性格中不进取、不强大的一面。而许多工作的开展，则特别需要人的勇气、毅力、坚韧、果断，积极主动的态度和创造性精神。显然，唯唯诺诺者不会让领导感到放心，不敢把重担交付给你。一个下级，不能替领导做大事，又怎么能为领导所重视呢？一旦领导对你留下缺乏才干、没有气魄的印象，你将会失去很多宝贵的机遇。毕竟，每一个下级都是不想一辈子碌碌无为，永远停留在被领导的位置上的。

唯唯诺诺，会使你创造不出使领导满意的工作实绩。唯唯诺诺者有一个特征，就是比较依赖，不能够脱离开领导的直接指挥和明确指示而独立地开展工作，工作中也是谨小慎微，胆小怕事，不敢有所创新，不敢越雷池半步。试想，领导之所以把一部分工作交给下级去做，是因他觉得自己的下属能很好地完成它，如果你仍旧需要事事得到上级的确切命令才能行事，这就等于把他分配给你的工作又踢了回去，他一定是不会高兴的。而且，事实上，要做好任何一件事，都是离不开人的勇气和胆识的，许多工作还需要人的创造性，没有或缺乏这方面的素质，就难以出色地完成工作任务。而一个没有工作实绩，在领导眼中是无能之辈的下属，想获得领导的欣赏和重用，这种可能性实在是很小。

如果你不幸是个唯唯诺诺的人，从这一刻就改正吧，它就像生命之船上的蛀虫，有百害而无一益。

10. 忠言不逆耳，良药不苦口

说话尤其是在批评进谏时，一定要讲究方式和策略，也让忠言不逆耳，也让良药能甜口，这样才能最快达到我们做事的目的。

“忠言逆耳，良药苦口”是千百年来被证实了的道理，但是有时候为了全局的利益忠言不能不进，最好的办法是也让忠言不逆耳，这需要你在进忠言时多用点技巧以达到一举两得甚至多得的目的。

在现实生活中，由于领导的一时冲动或认识问题的不足，或者本身就自恃权重而决策失误，使个人、企业甚至国家即将蒙受经济和信誉上的损失时，应当仗义执言，阐明利害关系，说服领导收回成命。

赵奢原先只是赵国田部的官吏，负责征收田租的工作。当时，平原君赵胜家不肯照规定缴纳，赵奢依法施罚，杀了平原君手下九个主事的人。平原君大怒，预备杀赵奢以示报复。

赵奢面见平原君，诚恳地说：“您是赵国的贵公子，今天连您自己也放任家臣不守国法，国家法令的尊严就会受损；法令受损，国势会因而削弱；国势弱，则诸侯就会伺机而动，赵国的危亡就在旦夕了。到那时，您如何享受这种富豪的生活呢？反之，以您的富贵之家带头奉公守法，则可以激发全国上下一心，国家就会富强，赵国的地位自然稳固了。而您呢，贵为国戚，还怕天下人轻视吗？”

平原君由此认为赵奢是一个有远见的人，就把他推荐给了赵王。

在现代社会中，有很多的企业家并不通过调查，而只是通过凭空想像，仅考虑到某些片面的东西，就做了某项决定，造成不利的影响。对于这些情况，不能听之任之，应当仗义执言，否则一旦出现问题，领导依然会振振有词地说："为什么当时没有人反对？"虽然是大家共同的责任，但对于企业和社会的危害将是很难弥补的。

领导往往都比较自信，而且做事往往会独断专行。所以，如果你诉说的仅仅是目前的现象和实情，有时就不能获取他的认同，而且搞不好，有的领导还会认为你不理解他的苦衷，甚至产生误解，认为你是在有意逃避责任。怎样才能让领导充分理解你的苦衷呢？一定要记住：在必要的时候，对这样的领导，你可以采用推导可能结局的方式，从领导准备做出的决定出发，合乎逻辑地推导出最可能产生的后果，从而引发领导内心深处对你的观点的认同，从而达到申说的目的。

小常受聘于一家私立学校，由于学校的宣传很到位，学校开办伊始就有很好的生源，这样一来，倒是授课的老师有些忍受不了了。但领导认为应该"宁缺毋滥"，决定只用现有的教师力量，提高教师每周的课时，并承诺按增加的课时给老师们提高工资。可小常却有自己的看法：他是一个有高度责任感的老师，如果这样每天超负荷工作，势必身心疲惫，从而影响教学质量，对自己的名誉和学校的长远发展都很不利。于是他决定向领导申说一下自己的想法。他从关心学校的前途命运入手，指出教学质量和精益求精的重要性，从而引申出如果按照领导的方式发展下去，在教学上难免会出现敷衍的现象，而这正是领导所非常关心的问题。他的申说很自然地引起了领导的高度重视。

提意见也要采用相应的方式，诸如先扬后抑，采用请教的方法都可以达到相应的效果。

小麦曾经在一家广告公司任职。她工作上能吃苦，且待人热情、聪明能干，自然得到老板的赏识。但有一天，老板找到她，说自己拟订了一份公司经营规划，想让她给提提意见，小麦就轻易地把她直率的个性显露出来，结果对老板的经营规划提出了不少批评意见，而且有的地方还批评得异常尖刻。当然，她的出发点是好的，而且她的很多意见都很有见地，照理说应该得到老板的赏识。但不足一个月，她被老板炒了鱿鱼。因为虽然老板大多数表面上会摆出一副虚心采纳下属意见的姿态，可能够真正做到这一点的很少很少。小麦错就错在自己说话太直率了，明显地不把领导放在眼里，伤害了领导的尊严。

我们都知道要想得到别人的尊重，就必须先尊重别人。对于领导和老板也是如此。尊重老板的具体表现就是你的言谈举止，尤其在老板要你给他提意见时，这时你的语言技巧显得格外重要。比如，你可以采用赞扬和肯定的语气，先对老板的计划赞美一番："老板，你的计划真的很棒，假如付诸实施的话，一定能使公司的业绩有大幅度的提高。不过，我想到一个问题，你看在这个方面能不能……"采用这种方式提出自己的意见，既能够让老板开心，还能够让他采纳你的意见，岂不两全其美？

懂得察言观色，说话委婉，不急不躁，听似柔若无骨，实则主见分明，此类忠言又怎么会逆耳呢？

11. 有的放矢，见什么人说什么话

说话的目的是为了沟通，是为了能办成事，如果见人说鬼话，见鬼说人话，那就无所谓沟通了。“见什么人说什么话”是一种做事取巧的良方，它能让你有的放矢，从而迅速达到目的。

我们办事时的直接对象，也即事的主体是人，没有人的存在，就谈不到事，因为每个人的个人品质也就是嗜好、想法都不一样，我们办事所涉及到的人也各有不同，如果你明白了对方是哪个类型的人，应付起来就比较容易了，这就是因人制宜。常言道，到什么山唱什么歌，见什么人说什么话。如果你了解了下面这八种类型的人，就明白了与这些类型人该怎样办事。

（1）寻找死板人的兴趣点

这种类型的人，就算你很客气地和他打招呼、寒暄，他也不会做出你所预期的反应来。他通常不会注意你在说些什么，甚至你会怀疑他听进去没有。

和这种人交际，刚开始多多少少会感到不安，但这实在也是没办法的事。

遇到这样情况，你就要花些时间，仔细观察、注意他的一举一动，从他的言行中，寻找出他所真正关心的事来。你可以随便和他闲聊，只要能够使他回答或产生一些反应，那么事情也就好办了。接下去，你要好好利用此话题，让他充分表达自己的意见。

每一个人都有令他感兴趣、关心的事，只要你稍一触及，他就会开始滔滔不绝地说下去，此乃人之常情，故你必须好好掌握并利用这种人性心理。

（2）简言应付傲慢无礼的人

有些人自视清高、目中无人，时常表现出一副“惟我独尊”的样子。像这样举止无礼、态度傲慢的人，实在叫人看了生气，是最不受欢迎的典型。但是，当你不得不和他接触时，你要如何对付他？

对付这一类型的人，说话应该简洁有力才行，最好少跟他啰嗦，所谓“多说无益”。因此，你要尽量小心，以免掉进他的圈套里去。

不要认为对方客气，你也礼尚往来地待他，其实，他多半是缺乏真心诚意的。你最好在不得罪对方的情况下，言词尽可能“简省”。

（3）面对沉默寡言的人要直截了当

和不爱开口的人交涉事情，实在是非常吃力的，因为对方太过沉默，你就没办法了解他的想法，更无从得知他对你是否有好感。

对于这种人，你最好采取直截了当的方式，让他明确表示“是”或“不是”，“行”或“不行”，尽量避免迂回式的谈话。你不妨直接地问：“对于A和B两种办法，你认为哪种较好？是不是A方法好些呢？”

（4）不要揭穿深藏不露之人的“伪装”

我们周围存在有许多深藏不露的人，他们不肯轻易让人了解其心思，有时甚至说话不着边际，一谈到正题就“顾左右而言他”。

双方进行交涉，其目的乃在了解彼此情况，以使任务圆满完成。因此，要经常挖空心思去窥探对方的情报，期待对方露出他的“庐山真面目”来。

人们多半不愿将自己的弱点暴露出来，即使在你要求他供出答案或提出判断时，他也故意装作不懂，或者故意言不及义地闪烁其词，使你有一种“莫测高深”的感觉。其实这只是对方伪装自己的手段罢了。

（5）分步确认应对草率决断的人

这种类型的人，乍看好像反应很快：他常常在交涉进行到最高潮时，忽然做出决断，予人“迅雷不及掩耳”的感觉。由于这种人多半是性子太急了，因此，有的时候为了表现自己的“果断”，决定就会显得随便而草率。

像这样的人，经常会“错误地领会别人的意图”，也就是说，由于他的“反应”太快，每每会对事物产生错觉和误解。其特征是：没有耐心听完别人的谈话，往往“断章取义”，自以为是地作出决断。如此，虽使交涉进行较快，但草率作出的决定，多半会留下后遗症，招致意料不到的枝节发生。

倘若你遇到上述这种人，最好把谈话分成若干段，说完一段（一部分）之后，马上征求他的同意，没问题了再继续进行下去，总之你要分步确认才不致发生错误，也可免除不必要的麻烦。

（6）适可而止打发冥顽不灵的人

顽强固的人是最难应付的，因为无论你说什么，他都听不进去，只知坚持一己的意见，死硬到底。跟这种顽固分子交手，是最累人且又浪费时间的，结果往往徒劳无功。因此，在你和他交涉的时候，千万要记住“适可而止”，否则，谈的愈多、愈久，心里愈不痛快。

对付这种人，你不妨及时抱定“早散”、“早脱身”的想法，随便敷衍他几句，不必耗时自讨没趣。

（7）耐心应对行动迟缓的人

对于行动比较缓慢的人，最是需要耐心。

与人交际时，可能也会经常碰到这种人，此时你绝对不能着急，因为他的步调总是无法跟上你的进度，换句话说，他是很难达到你的预定计划的。所以，你最好按捺住性子，拿出耐心，尽可能配合他的情况去做。

（8）遇见自私自利的人能忍则忍

这世上自私自利的人为数不少，无论你走到哪儿，总会遇到几个。这种人心目中只有自己，凡事都将自己的利益摆在前头，要他做些于己无利的事，他是断不会考虑的。

当我们不得不与其接触、交涉时，只有暂时按捺住自己的厌恶之情，姑且顺水推舟、投其所好。当他发现自己所强调的利益被肯定了，自然就会表示满意，如此，交涉就会很快获得成功了。

第八章　学会选择，退一步海阔天空

没有付出，不可能有回报。凡事不可能尽如你意，但只要懂得取舍，付出努力，最大限度地发挥你的专长，就会获取最大的成功。

1. 舍得香饵，才能钓到大鱼

做任何事情都要付出一定的代价。一毛不拔的铁公鸡自然是得不到任何回报。不要整天做不劳而获的白日梦，即使天上会掉东西，那也决不会是馅饼，有可能是手榴弹噢！

南宋时，国都临安（今杭州）有一位神偷，其姓氏不明，他每次作案后，都留下“我来也”三个大字，故得绰号“我来也”。其名气轰动整个临安城，就连官府也奈何他不得。

有一次，这位神偷失手被擒。审讯时却因找不到人证物证，而无法定罪，就只好把他临时监禁起来，待慢慢调查。

“我来也”过着铁窗生活。一天，他对看守说：“我做贼是不对的，但我不是‘我来也’，官府误会是我，看来会把我终身监禁，出狱是没有希望了，只可惜我藏在外面的金银无法使用。在这一段时间里，你对我很好，我要报答你，决定把那些金银给你，以表谢意。那些金银就藏在保傲塔顶屋上，你去取用就是了。”

看守将信将疑地前往塔上查看，确实有一个小包藏在尘埃中，打开一看，里面都是黄金白银，他满心欢喜，回来后对“我来也”更是特别照顾。

过了几天，“我来也”又对看守说：“我还有一酒瓮放在侍郎桥下，装满金银，你让家人去那里洗衣服，把酒瓮取出，再用衣服盖在瓮上，拿回家就是了。”

看守让妻子去取，果真又得到了许多金银，对“我来也”更加优待。

又过了些日子，一天夜里，“我来也”又对看守说：“现在已深夜二更了，我请求你放我出去，办一些私事，四更时，我保证准时回来，绝不连累你。”

看守受了两次恩惠，不好意思不答应，而且觉得他很讲信用，也就把他放了出去，但心中还是不安，就独自饮酒消忧。到了四更时分，忽有人从屋檐跳下，一看，原来是“我来也”按时返回，看守大喜，重又把他上刑锁起来。

第二天，城内一豪富上县府报案，说昨晚三更时分，被贼盗走黄金千两，门上写着“我来也”三个字。

赵太爷根据报案，吃惊地说：“原来，‘我来也’还在逍遥法外，以前所捉之贼并不是他，差点冤枉了人。”便下令提讯前来，略施惩诫就放了。

“我来也”出狱了。没几天，看守回家，他的妻子对他说：“昨夜四更的时候，有人来敲门，开门一看，没见人影，却有一包东西放在门口，只听得说，‘这是酬谢你丈夫的，不要声张出去’，打开看时，只见又是黄金和白银。”

看守当时心中明白，原来那贼果然是真的“我来也”。

俗话说：“商场如战场”，平时使用的“舍饵钓鱼”之策，也同样适用于商场。

舍得才能取得，这样的例子中国有，外国也不鲜见。

美国康涅狄格州有一家叫奥兹莫比尔的汽车厂，它的生意曾长期不振，使工厂面临倒闭的局面。该厂总裁决定从推销入手，扭转危机。

商战变幻莫测，要善于迅速调整，这种调整根本在于盈利，但有时为了盈利，吃些小亏是完全应该的。

采用什么样的推销方法最好呢？总裁认真反思了该厂的情况，针对存在的问题，对竞争对手以及其他商品的推销术进行了认真的比较分析，最后博采众长，大胆设计了“买一送一”的推销方法。该厂积压着一批轿车，未能及时脱手，资金不能回笼，仓租利息却不断增加。所以广告中便特别声明——谁买一辆托罗纳多牌轿车，就可以免费得一辆“南方”牌轿车。

买一送一的推销方法由来已久，使用面也已很广，但一般做法只是免费赠送一些小额商品，如买电视机，送一个小玩具；买录像机，送一盒录像带，等等。这种给顾客一点小恩小惠的推销方式，确能起到很大的促销作用，但时间一久，使用多了，消费者也就慢慢不感兴趣了。

奥兹莫比尔汽车厂对各种推销方法的长处兼容并蓄，尽可能克服因方法陈旧使消费者麻木迟钝的缺点，大胆推出买一辆轿车便送一辆轿车的出众办法，果然一鸣惊人，使很多对广告习以为常的人为之刮目，到处传告，许多人闻讯后不辞远途也要来看个究竟。该厂的经销部一下子门庭若市，过去无人问津的积压轿车果真被人买走，该厂亦一一兑现广告中的承诺，免费赠送一辆崭新的“南方牌”轿车。

奥兹莫比尔汽车厂如此销售，等于每辆轿车少卖了五千美元，是不是亏了血本？

错！汽车厂不但没有亏本而且还由此得到了多种好处。因为这些车如果积压一年卖不出去，每辆车上损失的利息、仓租以及保养费等就已接近了这个数目。而现在，车全卖光了，资金迅速回笼，可以扩大再生产了，“托罗纳多”牌轿车的用户增多了，名声变大了，市场占有率提高了，一个新的牌子“南方”牌被带出来了，这一低档轿车以“赠品”闻名，最后也开始独立行销……奥兹莫比尔汽车厂从此起死回生，生意兴隆。

舍得香饵，才能钓得大鱼，要把事情做好，一定要懂得付出。

2. 耐心放线，慧眼识珠

做事就像收鱼网，一味用蛮力拉扯，只会绳断网破。有快有慢，有紧有松，学会耐心等待，好消息自然会传来。

唐代京城中有位窦公，聪明伶俐，极善理财，但他却财力绵薄，难以施展赚钱本领。没有办法，他先从小处赚起。

他在京城中四处逛荡，寻求赚钱门路。某日来到郊外，却见青山绿水，风景极美，有一座大宅院，房屋严整。一打听，原来是一权要官宦的外宅。他来到宅院后花园墙外。但见一水塘，塘水清澈，直通小河，有水进，有水出，但因无人管理，显得有点零乱肮脏。窦公心想：生财路来了。水塘主人觉得那是块不中用的闲池，就以很低的价钱卖给了他。

窦公买到水塘，又借了些钱，请人把水塘砌成石岸，疏通了进出水道，种上莲藕，放养上金鱼，围上篱笆，种上玫瑰。

第二年春，那名权要宦官休假在家，逛后花园时闻到花香，到花园后一看，直馋得他流口水。窦公知道鱼儿上钩了，立即将此地奉送。

这样一来，两人成了朋友。一天，窦公装作无意地谈起想到江南走走，宦官忙说："我给您写上几封信，让地方官吏多加照应。"

窦公带了这几封信，往来于几个州县，贱买贵卖，又有官府撑腰，不几年便赚了大钱，而后又回到京师。

他久已看中皇宫东南处一大片低洼地。那里因地势低洼，地价并不贵。窦公买到手之后，雇人从邻近高地取土填平，然后在上面建造馆驿，专门接待外国商人，并极力模仿不同国度的不同房舍形式和招待方式。所以一经建成，便顾客盈门，连那些遣唐使们也乐意来往。同时又辟出一条街来，建成“长安第一游乐街”，日夜游人暴满。不出几年，窦公挣的钱数也数不清，成了海内首富。

这也揭示求人交友要有长远眼光，要注意有目标的长期感情投资。同时，放长线钓大鱼，还必须慧眼识英雄，才不至于将心血冤枉地花在那些中看不中用的庸才身上，日后收不回成本。

3. 像蟑螂一样生活

人生八九不如意，过惯了人上人生活的人，是否能忍受突如其来的打击？像蟑螂一样，在最恶劣的环境中生存，只要有一滴水，就可以活下来，这是一种生存必需，也是一种打不败的精神。

在北京每年都搞一次全市的灭蟑螂运动。没有人喜欢蟑螂，因为它长相奇丑，生命力极强，到处都有，打了一只，待会又出来一只，有缝就钻，有洞就躲，一般的杀虫剂它们也不太在乎。

最近在阅读了一本有关昆虫的书之后，我对蟑螂的印象有了一些改变。

据研究，蟑螂是和恐龙同时期的昆虫，可是恐龙早已死光了，蟑螂却仍在地球上存活，并且大量繁衍。那篇文章还说，蟑螂可以在最恶劣的环境中生存，只要有一小滴水，它就可以活下来。

蟑螂的这种生存能力是自然演化的结果，但自从我读了那本书后，对蟑螂却有了一些“尊敬”，虽然我看到蟑螂还是要追它打它。

我常想，人如果也有蟑螂的韧性，还有什么日子不能过，还有什么样的苦不能吃呢？

在人的一生当中绝对会有不如意的时候，这些不如意有很多种，例如生意失败、失恋、人事斗争落败、被羞辱、工作不顺、家道中落等等，而依各人承受能力的不同，这些不如意也会对各人形成不同的压力与打击。有人根本不在乎，认为这只是人生中必然会碰到的事；有人则很快就可以挣脱沮丧，重新出发；但有些人只要被轻轻一击就倒地不起。

不管你遭到的不如意程度如何，只要你在主观感受上已到了沮丧、消极、痛苦，几乎要毁灭的地步，那么我要告诉你的就是：像蟑螂一样地活着。人生难免要受点委屈嘛！蟑螂是墙缝里可活、壁橱里可活、阴沟里可活的昆虫，当你遇到不如意之事时，无论是客观环境造成的，还是人为的，不正如在墙缝里、壁橱里、阴沟里一样吗？如果你因为过着这样阴暗、充满脏臭与羞辱的日子而灰心丧志，失去活下去的勇气，那么你连一只蟑螂都不如。恐龙已经绝迹，蟑螂却仍在世上猖狂，只因它活下来了。所以你也要在最黑暗的时刻，最卑贱的时刻，最痛苦的时刻，屈辱地活下来，像一只蟑螂那般活下来。也就是说，在这种时候，你不要去计较面子、身份、地位，也不要急着出头，这种日子很容易让人沉不住气，但只要沉得住气，只要“存在”就有希望，就有机会。这不是安慰你，而是事实本就如此——你看看，恐龙如今安在？

如果人能像蟑螂一样地活下来，必然会有一些收获：

重新出头的那一天，你会得到更多的尊敬，因为人虽然屈服于强者之下，但打不死的勇者却有更强的号召力和感染力。

有过蟑螂般的生活经验，对不如意事更能悠然面对，能屈能伸；阴暗的日子能过，风雨的日子能过，人到了这种地步，还有什么事能为难他呢？

所以，不要做恐龙横行一时，要学蟑螂生存繁衍。

4. 忍耐和信仰

忍耐，是一种韧性的体现，战胜人生危难和险恶的有利武器；而信仰则是我们生命的全部意义。

20世纪80年代，加拿大前总理特鲁多在下野后向邓小平请教复出的“秘诀”，邓小平的答案是“忍耐和信仰”。正是凭着这个“秘诀”，他三次被打倒，三次复出，而且一次比一次获得更大成功，被西方人称为“打不倒的东方小个子”。忍可以经得住任何砖石的磨砺，可以经得起任何风雨的冲击。

正是这个“忍”字，使一度被打倒的邓小平再度复出，也正是这个“忍”字，教会了加拿大那位前总理人生的秘诀，使他在下野以后又重新焕发了政治生机，重新得到了总理的宝座。

在中国，“忍”字更成了众多有志之士的人生哲学。越王勾践也罢、韩信也罢，都曾忍受过别人的羞辱，但最终都渡过了难关，成就了大业。战国时期，有一位出生于魏国的范雎，因家境贫穷，开始时只在魏国大夫须贾手下当门客。有一次，须贾奉命出使齐国，范雎作为随从前往。到了齐国，齐襄王迟迟不接见须贾，却因仰范雎的辩才，叫人赏给范雎黄金和酒，但范雎辞谢了。须贾却由此产生了疑心，认为范雎是把秘密情报告诉齐国，才得了赠送礼物。回国后，须贾将自己的疑心告诉了魏国宰相魏齐。魏齐下令把范雎传来，用竹板责打他，打折了肋骨，打落了牙齿。范雎假装死了，被人丢在厕所里。接着魏齐设宴喝酒，喝醉了，轮流朝范雎身上小便。后来，范雎设法逃出魏国，改换姓名，辗转到了秦国，当了秦国的宰相。

忍，实在是医治磨难的良方。忍人一时之疑，一时之辱，一方面可摆脱被动的局面，同时也是一种意志、毅力的磨炼，为日后的发奋图强、励精图治、事业有成奠定了坚实的基础。

现实生活本身并不全然是理性的，其中也充斥着很多无奈的逻辑。譬如，某些人的性格带有攻击性，这就意味着另一些人往往无端地遭到挑衅。如果我们对所有的“攻击”都施之以“反击”的话，那我们生活的环境将充满火药味，于健康何益？

忍让者，忍耐也，谦让也。一般说来，社交过程中产生什么矛盾的话，双方可能都有责任，但作为当事人应该主动地“礼让三分”，从自身找原因。忍让，实际上也就是让时间、让事实来“表白”自己。在社交中持忍让的态度可以让很多事情“冷处理”，可以摆脱相互之间无原则的纠缠和不必要的争吵。

这使我们想起了歌德的一则“笑话”。歌德有一天到公园散步，迎面走来了一个曾经对他作品提出过尖锐批评的批评家。这位批评家站在歌德面前高声喊道：“我从来不给傻子让路！”歌德却答道：“而我正相反！”一边说、一边满面笑容地让在一旁。歌德的幽默避免了一场无谓的争吵。有了歌德这样的“一笑”，就可以避免各种矛盾冲突，也可以消除自己的恼和怒。从某种意义上说，它既可以为自己摆脱尴尬难堪的局面顺势下台，又能显示出自己的心胸和气量。

期望爱情甜蜜者，难免有失恋的苦恼；一向和谐的家庭，也少不了“马勺碰锅沿”的争吵；被认为可信赖的朋友，偶尔的误会竟产生隔膜；为事业而奋斗拼搏，也许遭到平庸者的嫉妒……生活中的这些个“不如意”，常常检验着一个人的修养水平：有的泰然处之，从容对待，以真诚化干戈为玉帛；有的则怒形于色，耿耿于怀，积小怨为仇端。学会忍让，这看似极简单的事儿，却有化解你生活中各种烦恼的神力，而使你的人生之路充满信心、愉快和阳光。

5. 用心计较般般错，退步思量事事顺

“盘龙卧虎”这句话形象地说明了，即使身为强者，也要学会收敛锋芒。“盘”和“卧”不是教人们一味退让，一味隐忍，而是为了休养生息，蓄积力量，迎接更大的人生挑战。

每个人都渴望成功，而且成功要连续不断，从一次次小小的成功，到更大的成功。仿佛人天生就是追求成功的，而不允许自己有所失败。当然，这种心思可以理解，毕竟人总是有追求的，人都想有所进步，都有一种追求优越感、超过别人的愿望，但事实上，人不可能在所有方面都超过别人，一味追求成功，一味闷在一条死胡同里，必然会导致无谓的失败甚至牺牲。

从某种意义上讲，人没有理由不允许别人超过自己。为什么非要去计较一城一池的得失呢？为什么非要为一点利益而争得头破血流呢？为什么不向后看看？退一步海阔天空。聪明的人总是有远见卓识，他们不会一味地走进一条死胡同，相反，他们善于在广阔的人生海洋中发现机会。

“退”从表面上看，意味着胆怯、失败，但是下面一个事实也许会令你感叹不已。

森林中，惟老虎为百兽之王，谁见谁怕之，无不撒腿而逃的。可谓虎者，威风凛凛的权威和王者象征也。可是，你仔细观察，这样一种虎王，在捕食时却总是先后退几步，然后狂奔而上，紧紧地抓住猎物。老虎尚知道在进攻时后退几步，以便产生更大的势能，而我们又何苦于只知前进，

不许后退呢？

几个月前，一位同事忧心忡忡地对我说，他的小孩最近数学成绩大滑坡，气得他一连数顿都没吃好饭，来问我该如何办。我问他是何种原因导致这种局面，同事说也并非孩子不刻苦用功，学校的作业每天使他累得连自己心爱的足球赛也无法看，体育锻炼的时间更不用说了。这孩子对戏剧艺术挺感兴趣，无论什么时候一谈起京剧便能脱口而唱出，而且其嗓音也是极其出色的。但孩子的父亲认为，在目前社会学京剧是没有出息的，不如学点实际的东西，将来成为大款或高级官员之类。于是对这孩子的兴趣横加指责而不去鼓励他自由发展。听他这么一说，我颇感兴趣。

后来，我建议他，必须退让，给孩子退让，不能强逼孩子去干自己不愿干的事，也不能强逼他放弃自己的兴趣和业余爱好，惟一可行的办法就是退一步海阔天空，让孩子在广阔的天地里找到自己的欢乐、痛苦、失败，当然，最终他肯定会找到自己的成功！

果不出所料，过了几周，同事跑来告诉我说他孩子参加了业余京剧班，进步很快。同时，学习也得心应手，心理压力被去掉了，似乎前边的路很宽，也很轻松。

大禹治水的故事，不照样给我们启示吗？黄河，是中华民族的摇篮，它哺育了伟大的中华民族，同时也给人们带来灾难。传说尧在位时年年大水泛滥。尧让鲧治水，鲧采用的方法是筑堤防水，可是今天刚筑好的堤坝，明天就被大水冲垮了。鲧足足用了9年时间仍没将大水治服，结果却被舜杀掉了。舜又让鲧的儿子禹来治水。禹在治水过程中，善于思考，善于总结前人的经验，善于作退步思考，不钻进一条死胡同里。他凭着自身的智慧和顽强的斗争精神，经过十几年的艰苦斗争，利用疏导的办法，开凿了许多条河流渠道，终于把洪水引入大河，由大河流入大海，最终取得治黄的成功。其实，疏导对于筑堤来说就是一种后退，面对汹涌而来的河水，我们不后退怎么能行呢？后退并非意味着河水的强大，而是为了寻找更好的时机和手段来控制它、疏导它，使它按渠道流入大海。这种方法不是让人耳目一新吗?

退本身并不能说明我们胆怯、我们弱小、我们是逃兵。相反，能进能退、能屈能伸则是我们智慧的象征。古人形容大丈夫就说能屈能伸为大丈夫也，可见大丈夫行事，理应是有进有退。退的目的是为什么呢?是为了更好地进攻。战斗打起来，非需要战士有韧性不可，没有韧性的战士终究会失败。那么退到什么程度为止呢?当然是退到我们不能再退为止，也即退到我们积蓄力量有能力反攻为止，这时的反攻，其势绝对不可挡，在强大的势能下加上韧性的战斗，胜利一定属于我们!

很多男孩子在追求女孩子的过程中，便很会利用这种战术。开始猛烈地进攻，使她眼花缭乱，无法招架。但这时，进攻却停止了，对方也感到纳闷了，心想，这人怎么回事?于是，渴望被进攻的愿望加强了，这时只要勇敢地发起第二次进攻，不用说，在锐气不可挡的情况下，必定会获取芳心!

6. 逃避不是为了别人，而是自己

逃避不是畏惧，而是为了更好地求生存、求发展，求自我实现。

读过《三十六计》的读者早就知道走为上计是三十六计的最后一计，为什么要把它放为最后一计呢？我想，作者大概是基于这样一种思路：若利用以前所述的三十五种计谋，实在都不能奏效，那只能走了。这种走也是出于无耐的被动行为。

但是，我们如果站在主动的位置上，在人性的丛林中利用"走"的计谋，不失为一种新的尝试。当然，这儿走的意义却绝不只是败走或逃走，而是一个主动的游击战或运动战。在人性的丛林里，其人际关系往往复杂得难以分辨，其各种利害关系更为多变和复杂。有时候我们苦于被一事物所纠缠而徘徊不前，终日苦守而长期不见效果，幻想着有朝一日能有新的突破或奇迹出现，可是，我们却因此而错过了许多可贵的时间。时间是宝贵的，是稀缺资源，一去永不复返。我们为什么不将这些时间投入到别的值得我们去干的事上呢？我们为什么不可以"走出"这些纠缠？

"走"并不意味着失败、逃跑，走只是一种形式。这种形式包含着深刻的内涵，首先，我们"走"时头脑是很清晰的，目前的局势，我方所处的位置，"走"的目的等等一系列问题，我们都是很清楚的。其次，"走"只是缓兵之计，只是一种形式，为的是争取更有利的时间和地点，我们必须先"走"一步，这样便有更多的时间来休息和备战；最后，

“走”也是一种引诱和欺诈，我们“走”在前头，敌人肯定会趁胜追击，我方是领路人，敌人是追随者，这样我们完全可以变被动为主动，牵着牛鼻子走路。因此，“走”完全可以是一种策略，表面上给人以溃逃和退出的感觉，但实际上，只有我们自己才知道这葫芦里到底装的是什么药。但话又要说回来，我们“走”时也要“走”得像个样子，装要装得真切一点，让敌人相信我们是真的败了，不是假败，也不是在欺骗他们，这样，敌人才会很自信、很大胆、很轻松地钻进我们布下的罗网之中。

在人性的丛林中，“走”的形式不计其数，五花八门。概括起来主要分为强者和弱者两类人各自不同目的和动机的“走”，下面将详细叙述。

弱者经常“走”，这是迫于压力所致，当然也可以主动地“走”，但这种情况较少，弱者走的目的可以说是为了求生存。在夹缝中生存，从而避免了你死我活的竞争，可以说是弱者的生存之道。一项好的机遇若遇到了强有力的对手怎么办呢？让给他呗，没关系，你还会找出一份更适合你的。否则鸡蛋碰石头，碎的会首先是你，何苦呢？而谁又能想到，“走”后不会出现一份更适合你的呢？走，使你保持了实力，又开阔了眼界，在运动中又壮大了自己，这样，岂不比盲目的消耗好？

强者也用“走”来周旋敌人。这里有两种情况，首先一种是通过“走”的形式来拖垮对手，使对手精疲力尽而后就收拾之。毕竟，弱者是经不起被强者牵住牛鼻子“走”长路的，“走”得远了便会受不了，不是被拖垮就是被分割包围。另一种情况是强者用“走”来诱敌深入。诱惑充满在人性的丛林之中，有人专门放诱饵等待鱼儿上钩，而又有人却偏偏知道是诱饵却甘心情愿上钩，这都是人性现象，这是无法用理论来解释的，要不，怎么会有那么多“鱼儿”被钩着呢？在运动战中，诱敌深入，至其走进罗网为止，都是要靠我方主动引路，一旦路引得不当，或装得不像，对方便很可能不会跟着你“走”的。

在人性的丛林中，学会“走”的本领的确很重要。“走”可以大事化小，小事化了，以至不了了之；“走”可以壮大自己的力量，增长见识而羽翼丰满；“走”可以在夹缝中找到我们生存的空间；“走”可以有力地牵引着敌人的牛鼻子顺利地将敌人拖进我们的陷阱；“走”还可以直接将敌人拖垮，使其累死。在高手林立的竞争世界里，人来到这个世界时是两手空空的，全身赤裸裸的，没有任何可以抵御野兽的武器，可我们学会了避害趋利，这是我们的本能，无需再用指导。

逃避不是为了别人，而是为了更好地求生存、求发展，求自我实现。

7. “老二”哲学

为人做事，度德量力。做老二有做老二的妙处，老二是避风港，老二是根据地，老二可进可退……

几年前看过一篇工商人物的专访报道，受访者是一位电脑业的老板，这位老板在提到他的企业与另一家企业孰大孰小的问题时，他说他不想去跟那一家比，也不必去跟它比，他强调他采取的是“老二政策”。他说，当“老大”不容易，因为不论研发、行销、人员、设备，都要比别人强，为了怕被别的公司赶超过去，便不断地扩充、投资；换句话说就是要花很多力气来维护“老大”的地位。他认为这样做太辛苦了，而且一旦出现问题，不但老大当不成，甚至连想当老二都不可能。

这只是他个人的想法，因为并不是当“老大”就一定会很辛苦，有人就当得轻松愉快，因此，当老大、老二或老三完全是观念问题。不过这位老板所说的却也是事实——当“老大”的确要费很多力气来维持“老大”的地位。

不但从事企业经营如此，上班拿薪水也一样，像主管就是该部门的“老大”，这个老大为了保住他的位子，不但要好好带领手下，还要和上级搞好关系，以免位子不保。有成绩的时候，主管当然功劳第一，但当有过失时，主管同样也是首当其冲。而当副主管的就没这么多麻烦，表面上看来他不如主管，但因为上有主管遮风挡雨，可省下很多辛苦，所以很多人宁可当副手而不愿当主管。有人当副手时没事，一当主管就身心俱疲，可见当“老大”的难处。

说了这么多，并没有不让你当老大的意思，如果你有当老大的本事，也有当老大的兴趣和机会，那么就去当吧。但如果你自认能力有限，个性懒散，那么就算有机会，也不要去当老大，因为当得好则好，没当好一下子变成老三老四，不但对自己是个打击，更会造成这样的评价：“某某人不行”、“某某人下台了，听说很惨”……这些评价对你都是不利的。中国人一向扶旺不扶衰，你一旦从“老大”的位子摔下来，就会有人落井下石，于是本来还可当老二的，却连当老三老四都有问题了。经营企业也是如此，“龙头老大”的位子一旦不保，就会给人“某某公司倒了”的印象，于是兵败如山倒，想力挽狂澜恐怕就没有那么容易。所以，当“老二”的确也有其实际的地方，这也就是许多人宁当“老二”不当“老大”的原因所在。

其实当“老二”还有其他的好处：

（1）静看“老大”如何构筑、巩固、维护他的地位，成功与失败，均可作为你的经验和目标。

（2）可趁此机会培养自己的实力，以迎接当“老大”的机会（假如你有当“老大”的意愿的话）。

（3）因为志不在当“老大”，所以就不会太急切，造成得失心太重，不会勉强自己去做力不从心的事情，反而能保全自己，也会降低失败的几率。

总之，做事或做人，无论从老二、老三或老五做起都没关系，就是先不要当“老大”。如能好好地当“老二”，当主客观条件具备时，自然就会变成“老大”，这个时候的老大才是真正的老大。

8. 做大事不必面面俱到

作为领导者，万不可事必躬亲，那样不仅会浪费原本有限的精力和时间，甚至还会耽误和浪费做事的机会或时间。

领导者应该掌握一个度，那就是：做大事时从不去过问一些可问可不问的细节，尽力去实现“只管两头不管中间”的领导方法。

法国著名领导和管理学家法约尔提出：领导办事不要在工作细节上耗费精力，对于具体细节问题，应放手让下属去做。领导大包大揽，不仅可能处置不当，而且会耽误对重大事情的解决。当然，领导在抓大事的同时也应保持对小事的了解。面对纷繁复杂的问题，领导应该首先找出属于自己职责范围的问题，进行分类整理，然后按照轻重缓急的顺序一件一件地去处理。

美国前总统里根是一位优秀的国家领导人，也是一位办事精明的人。在美国，即使不支持他的人也会承认，他在任总统期间取得了显著成就。里根的做事原则简单明了，其突出特点是精于决策，善于组织人才去实施决策。

里根认为，他的作用是为政府指明方向的，而不是一个不放手的经理人或谋士，他的日常工作都交给下属去办，而把自己的注意力集中在一些重大问题上，这是里根取得成功的要领之一。

里根从不过问事情细节，但在重大事情上，他注重得到据以作出正确决策的足够信息。在每一个重要决策前，他都要求内阁秘书办公室为其准备一份两三页的备忘录，概要列出各种选择及其利弊，并详细说明那些内阁成员和高级助手在力主采取哪些方案；有关机关还准备了内容较详细的文件，里根对这些文件一一仔细阅读并熟记，随时召集有关人员开会，对问题进行辩论。他听取激烈争论的不同意见有极大的耐心。就这样，里根依赖工作人员的分析，加上自己的判断力作出决策，关键时刻还站出来向国会和选民发出呼吁，并提出某项计划的战略意见，以便求得支持。

里根使他的设想成为现实计划的第一步，是竭尽全力物色恰当的人员来辅助他。他曾对美国《幸福》杂志记者说："让那些你能够物色到的最出色的人在你身边工作，授予他们权力，只要你制定的政策在得到执行就不要去干涉。"他对自己的职责有明确的设想，但也经常地、手段巧妙地作出妥协，避免纠缠枝节问题。

里根之所以能成为一位优秀的领导人，就在于他深谙领导办事之要义。正如尼克松指出的，"领导代表未来，代表方向"，而"管理只代表今天，代表过程"。"领导者不仅要正确决定什么是应该干的事，而且还要说服他人去干这件事"。可见，领导者办事应当管而且必须亲自管的是决策和推动他人去实施决策，而不是在办事上事必躬亲。

当今世界，由于科学技术的革命，社会化大生产的高度发展，即高度发展的生产社会化、科学一体化，领导者面临着许多新情况、新问题，如决策目标规模大、结构复杂、功能多样、变化迅速；决策所依据的信息量大而多变，具有极大的不确定性即新颖性、模糊性、随机性，要求领导者具有更敏锐的统率全局的能力，来制定出未来战略性的决策目标，至于决策的实施，则应放手由下属即执行人员去具体执行，因为"真正的领导者不是事必躬亲，而在于他要指出路来"（美国管理学家H·米勒语）。而当好"指路人"的关键就在于集中精力办大事，大事精明，方向才能明确。

领导者需要集中精力办的大事是决策的制定和推动决策的实施。而礼仪性的迎来送往、事务性的日常活动、操作性的规章程序等等，只要不是与组织的大政方针直接相关的一切事情，对领导者而言都是“琐事”，都应尽量避免亲自处理、亲自裁决，不能因琐事而干扰领导者对大事的全局性把握和决策。同时，为了保证决策的正确性和取得预期效果，发布推动决策执行的指令、学习、调查和思考，也是领导者必须亲躬的大事。

领导应该把所有不一定非要由自己去做的工作交给部下和参谋部去做。

当然，不在工作细节上耗费精力并不是说不注意细节。作为一个领导应该事事都了解，但他又不能对什么事都去研究、都去解决。领导不应因为关心小事而忽视了重大事情。工作组织得好，就能使领导做到这一点。

9. 巧用时机化危机

世上没有办不到的事情，只要你能把握时机，全力以赴，哪怕身处不利地位也能化腐朽为神奇。

当你在做一件事时，眼看着希望很小，你会怎么办？放弃吗？一个做事会取巧的人不会轻易放弃，而是会尽己之心，全力以赴，争取化腐朽为神奇。

有一位艾先生，他是某贸易公司负责人，他的座右铭便是："尽人事，乐天命"。

他原是一家杂志社的记者，因该社经营不善倒闭，他便成为一名自由撰稿人。后来，他又被某广告公司网罗，从事编辑工作；不多久，他又转到一家规模颇大的贸易公司，成为总务部门的正式职员。尔后，因为他颇具才干，很得主管赏识，便转调任业务部经理一职，此后，便成了一位优秀的贸易从业人员。

但是，艾先生对他先前的采访、撰稿工作一直不能忘情。有一段时间，多才多艺的他，一连好几天守候在一个摄影棚里，目的只为和某艺人接近，好收集一些有关明星专辑的稿件资料，但这个艺人却一直回避他。

一个雨天，艾先生忽然灵机一动，心想"或许只有这个办法，可以打动对方的心思了。"于是，他决定冒着大雨，到该艺人的摄影棚前，坐在他经过的道路上等着。

终于，这位艺人被他的诚意感动了，改变了自己的态度，答应接受他的访问，并提供专辑的资料。

艾先生认为该艺人之所以能够回心转意，主要是自己具有这样的信念：只要心诚，石头也会开花的。打这以后，他就抱着这种信念处理任何事情，结果都能创下良好的成绩。

“化不可能之事为可能”，这是你身处劣势时应持有的信心。

另外，一个做事有“心计”的人还要懂得在事情的交涉中面临绝境时及时补救，亡羊补牢犹未晚，最怕亡羊还不补牢，那只能失去更多的羊。

在交涉时选择适当时机非常重要。如果无法找出适当时机，或者找到时机却不知利用，那么，交涉仍旧是要失败的。也就是说，你非但要能把握时机，还要积极将其化作行动，如此才有化腐朽为神奇的希望。

某电影公司曾发生过这样一件事：某次出外景时，当天的拍摄地点是一个风景优美的海边渔村。外景队提早两天到达拍摄现场，公司宣传组组长和几个新闻单位的摄影记者一起前来此处，拍摄有关这部电影的一些精彩镜头。

每一家电影公司都希望通过记者所拍摄的照片将新影片信息刊载于报纸，或出现在其他传播媒体上，以达到该片的宣传效果。如果得罪了这些记者，那对电影的商业利益将形成致命的打击。但是，不该发生的事情还是发生了。就在当天晚上，大伙儿还未进餐之前，外景队队长对大家宣布了一项决定：“今晚，协助此次外景拍摄的人要招待我们的女主角吃饭。为了让她能早点回来，以免耽误了拍摄的进度，我和宣传组长一起陪同前往。至于其他的人就在此地用餐吧！”

于是，外景队队长就和宣传组组长、女明星三人结伴赴宴了。然而时间已过四个钟头，一直不见他们回来。留在宿舍里的记者们，就开始发牢骚了：“我们跋山涉水，走了这么远的路来到这儿，这倒好，就知道和女明星出去快活，把我们冷落在一旁！”

就在大伙怨声载道、恨得牙痒痒的时候，他们喝得醉醺醺地回来了。

抱怨之声仍然此起彼伏，甚至有怒气高涨的情势，因此激怒了外景队队长，他非常生气地喝叫一声：“有完没完！讨厌死了，想回去的人就回去好了！”

记者们被他这么一骂，就全都感情用事起来，最后一致决定：“回去！”

其实，这不过是一个小小的误会，却因处理不当，造成了一个更大的错误，最后，竟形成了不可挽救的局面。这种情形，在生意场上也经常会发生。

以上述事件来说，检讨起来，一开始就应该好好安排、分配，找个公司里德高望重的人，留下来陪陪这些远来的客人。外景队队长没有这样做，这是第一个错误。既然说好了，吃过饭后，就要早点回来，结果超出了预定时间，理应真心诚意的向大家道歉了事。外景队队长非但不知理亏，还大吼大叫，把事情给整个弄拧了，此乃第二个严重错误。就因为这样，事情才发展至不可收拾的局面。所以，在发现自己已犯错误后，你一定要巧用时机，勇于认错，不可意气用事，结果因小失大。

10. 放弃是为了更好的生活

很多时候，我们总会感慨："为什么我别无选择？"因为事事不能都遂人愿，与其对之念念不忘，不如就此放弃。因为在生活的前方，还有更多值得我们追求的东西。

有只狐狸被猎人用套套住了一只爪子，它毫不迟疑地咬断了那只小腿，然后逃命。放弃一只腿而保全一条生命，这是好死不如贱活式的哲学。人生亦应如此，在生活强迫我们必须付出惨痛的代价以前，主动放弃局部利益而保全整体利益是最明智的选择。智者曰："两弊相权取其轻，两利相权取其重。"趋利避害，这也正是放弃的实质。

在欧洲，有一首流传很广的格言：为了得到一根铁钉，我们失去了一块马蹄铁；为了得到一块马蹄铁，我们失去了一匹骏马；为了得到一匹骏马，我们失去一名骑手；为了得到一名骑手，我们失却了一场战争的胜利。

为了一根铁钉而输掉一场战争，这正是不懂得及早放弃的恶果。

生活中，常有不好的境遇会不期而至，搞得我们猝不及防，这时我们更要学会放弃。放弃焦躁性急的心理，安然地等待生活的转机，让自己对生活对人生有一种超然的关照，即使我们达不到这种境界，我们也要在学会放弃中，争取活得洒脱一些。

在人生的旅途中，需要我们放弃的东西很多，古人云，鱼和熊掌不可兼得。如果不是我们应该拥有的，我们就要学会放弃。几十年的人生旅途，会有山山水水，风风雨雨，有所得也必然有所失，只有我们学会了放弃，我们才拥有一份成熟，才会活得更加充实、坦然和轻松。

比如大学毕业分手的那一刻，当同窗数载的朋友紧握双手，互相轻声说保重的时候，每个人都止不住泪流满面……放弃一段友谊固然会于心不忍，但是每个人毕竟都有各自的旅程，我们又怎能长相厮守呢？固守着一位朋友，只会挡住我们人生旅程的视线，让我们错过一些更为美好的人生山水。学会放弃，我们就有可能拥有更为广阔的友情天空。

放弃一段恋情也是困难的，尤其是放弃一场刻骨铭心的恋情。但是既然那段岁月已悠然遁去，既然那个背景已渐行渐远，又何必要在一个地点苦苦地守望呢？不如冷静地后退一步，学会放弃，一切又会柳暗花明。

在日常生活中，当你与人发生矛盾或冲突时，只要不是什么原则问题，你完全可以放弃争强好胜的心理，甚至甘拜下风，就可能化干戈为玉帛，避免两败俱伤；当你在家庭生活中发生摩擦时，放弃争执，保持缄默，就可以唤起对方的恻隐之心，使家庭保持和睦温馨。

以前有一位国王，他缺手断腿，他很想将他那副尊容画下来，留给后代子民瞻仰，就请来全国最好的画家。那个画家的确是第一流的，画得很逼真，栩栩如生，很传神，但是国王看了之后很难过，说："我这么一副残缺相，怎么传得下去！"就把他给杀了。于是又请来第二位画家，第二位因有前车之鉴，不敢据实作画，就把他画得圆满无缺，把缺的手补上去，把断的腿补上去，国王看了之后更难过，说："这个不是我，你在讽刺我。"又把他给杀了。后来又请来第三个画家，第三个画家怎么办呢？写实派的给杀了，完美派的又给杀了，想了好久，画家急中生智，画他单腿跪下闭住一只眼瞄准射击，把他的优点全部暴露，把他的缺点全部掩盖，这就叫做"隐恶扬善"。这个故事其实在告诉我们要"隐恶扬善"，多讲人家好的那一面是对的。

批评别人是错误的，表面上你批评别人好像占了便宜，其实错了，失得都是一样，有得就有失，得就是失，失就是得，所以一个人到最高的境界，应该是无得无失。但是人们非常可怜，都是患得患失，我们的心，就像钟摆一样，得失、得失，就这么样摆，非常痛苦。塞翁失马，你怎晓得是福还是祸呢？所以，在得失之间，不要把它看得太重。

任何一个成功者，不仅要敢于梦想，敢于追求，敢于迎接各种各样的挑战，敢于为实现自己的目标去努力进取，还要学会选择和放弃。

比尔·盖茨中学毕业的时候，他父母对他说："哈佛大学是美国高等学府中历史最悠久的大学之一，是一个充满魅力的地方，是成功、权力、影响、伟大等等的象征和集中体现。你必须读一所大学，而哈佛是最好的。它对你的一生都会有好处。"

盖茨听从了父母的劝告，进了美国最著名的哈佛大学。他当时填的专业是法律专业，但他其实并不想继承父业去当一名律师。

盖茨真正的兴趣在电脑上。他曾同朋友一起认真地讨论过创办自己的软件公司。他认定"电脑很快就会像电视机一样进入千家万户，而这些不计其数的电脑都会需要软件"。

大学二年级的时候，比尔·盖茨终于向父母说了他一直想说的话："我想退学。"

他的父母听了非常吃惊，也非常伤心。但他们无法说服盖茨改变主意。于是，他们请了一位受人尊敬的商业界领袖去说服盖茨。

盖茨在同这位商业巨头会面的过程中像个布道者一样滔滔不绝地向他讲述自己的梦想、希望和正在着手做的一切。这位商业巨头不知不觉地被感染了，仿佛又回到了自己当年白手起家的创业时代。他忘记了自己的使命，反而鼓励盖茨："你已经看到了一个新纪元的开始，而且正在开创这一个伟大的时刻。好好干吧，小伙子。"

父母无奈，只得同意了盖茨的要求。

从此，盖茨一心一意地投身于自己的电脑软件领域中，他真的在梦想成真的成功之路上，开创了世界瞩目的业绩。

一个成功者，或者一个有着明确的奋斗目标的人，之所以舍得放弃那些在旁人看来是来之不易的东西，是因为他们真正地明白自己想要的究竟是什么。

能够放弃也是一种跨越，当你能够放弃一切做到简单从容活着的时候，你生命的低谷就过去了。

第九章　做事先做人，做人先取信

做人是做一切事情的前提，而“信”则是做人的根本。一个没有“信”的人肯定做不好人，而一个做不好人的人，自然做不成事。

1. 言而有信，做人讲原则

中国有句古语，叫“君子一言，驷马难追”。是说正人君子，要讲信义，不能因任何原因而改变自己的诺言，只有小人才不顾信义，言而无信。

说出去的话泼出去的水，覆水难收，做人言而有信，那么做事就有一种人格的力量来担保。

如果让三尺墙不过是忍小利的话，那么我们来看一件忍大利的事。在闻名世界的美国纽约自然博物馆里，陈列着一块数百公斤重的大石头，看上去很普通，可是仔细看，会发现这块石头有一个缺口，顺着缺口看进去，会发现里面是一块闪光耀眼的紫水晶。关于这石头，有一个动人的故事。它本是扔在一个美国人院内的一块废石，因主人觉得它有碍观瞻，让人把它移走。在向车上搬运时，不小心把它掉到了地上，摔出了一个缺口，露出里面包着的紫水晶——价值连城的宝物。当主人得知真相后，很平静地说：“这块石头，我本来就是要丢掉的。现在虽然发现它是宝物，想必是上苍的旨意。我一言既出，绝不反悔。我决定不占为己有，而将它送给博物馆，让更多的人来欣赏。”

这里涉及到的是一个做人的原则问题。石头主人说将石头扔掉，不过是随随便便的一句话，并不是信誓旦旦的诺言，当真也行不当真也可，但说话人却以严肃的态度来对待自己说过的话。

中国有句古语，叫“君子一言，驷马难追”。是说正人君子，要讲信义，不能因任何原因而改变自己的诺言，只有小人才不顾信义，言而无信。石头的主人所说的“一言既出，绝不反悔”与中国的这句话的涵义是一致的，想必他是要做一个堂堂正正的正人君子，所以很看重自己的形象，宁可失去宝物，而不使自己形象受损。宝物贵重，终可用金钱买到，而形象受损，万金难赎。这是大义所在，只有这样才能求得生活坦然。

以前总有弄臣取悦皇上，说皇上是金口玉牙，而别人什么都算不上，他们瞅你不顺眼就说你长的是狗牙。这么看来，他的牙口似乎比皇上还金贵，因为他能左右金牙玉口。但是，从另一个侧面考虑问题，这也有积极的意义。皇上因为牙口的金贵倒不能出尔反尔了，所以，说话之前他们就得多思，从而对语言的把握是谨小慎微的，这样每一句话都有价值。因为客观全面的决定会收获实实在在的结果，跟随口答应大不一样。

在这个意义上讲，领导也该是“一诺千金”。什么话说出来就不能咽回去，做人的信誉时刻不能丢。口若悬河未必能够承担大任，真正有能力的领导从来不说废话，但是，一开口能切中要害。他们拒绝草率，力图使任何一句话都具有对你而言的参考价值，这是一种很基本的领导素质，因为不这样就无法构成部属对你的信任，不信任会带来很多连锁反应，这种反应往往令人应接不暇。

所以，“一言既出，驷马难追”。普通人尚且如此，领导就更应该这样了。特别是在作决策的时候，确定的事不能轻易更改。决策可以说是领导的核心要素，左右着企业长远发展，“帅凭谋，将凭勇。”运筹帷幄方能决胜千里，但是，这运筹如果不稳定，今天是一明天是二，你的部属再有勇气再有办事的能力，怕也不知道劲往哪使，这只能证明你的禀赋、经验积累得不够，这样的领导当得就有点不够格了。长此以往，部属们就会对你产生不信任，继而到其他单位就业，因为在这里已经没有任何前途可言。

其实，说话算数这点事连孩子都能细致地讲给你听，你为什么总说那没边的话呢？你应该搞清楚这么做的原因，跟虚荣心有没有必然的联系，这些问题都可能构成某种意义上的大败局，绝不是你想得到的结果，遗憾的是，因为你的疏忽导致很多麻烦，简单的事情也变得复杂起来。

世界上所有闻名于世的领导，无论他来自工业、农业生产一线还是机关的干部，或是企业的总裁，他们都知道言语的金贵。君子说话是讲究准确的，那些说话通篇狂妄之言的人素来为他们所鄙夷，人的信誉树立起来难，砸倒是非常容易的。

有时候，你可能是说时无心，殊不知听者有意，他们把你天南海北的话当作真事，继而企盼憧憬。当失望的时候，那是双重的痛苦，然后就是对你一万个不信任。

还是郁达夫说得好，语言是极为必要的，但是“言语的沟通灵魂，远不如沉默来得彻底，沉默的严肃便是爱和死和生命的严肃。”诚哉斯言。

其实，言语的重要性直接和人的品性是一致的。人无信，则无以立。三十而立，既是生理年龄，也是社会心理上的年龄。

以身作则和言之有物同样不能缺。你的行为将带动与推动团体的力量，言之有物的“物”不能空洞且不确定。

既然每天生活中的时刻都是确定不疑的，那就十分有必要将行为和言语也具有时钟的特性，如此，计划就切实，收获就丰盈。

2. 承诺了就要做到

承诺的力量是强大的。遵守并实现你的承诺会使你在困难的时候得到真正的帮助，会使你在孤独的时候得到友情的温暖，因为你恪守诺言，你的诚实可靠的形象推销了你自己，你便会在生活中、生意上获得双赢。

一个人立身处世，信用很重要，这是人的名誉的根本，是魅力的深层所在。

一个没有信用的人，是为人所不齿的。现在的生意场上，公司、企业做广告做宣传，树立公司、企业在公众中的形象，就是想提高公司、企业的信用度。信用度高了，人们才会相信你，和你有来往，成交生意。不过，公司、企业的信用度得靠产品够佳的质量、优良的服务态度来实现，而非几句响亮的广告词，几次优惠大酬宾便可做到。人的信用也是如此。

人的信用，不是靠三寸不烂之舌便可“吹”得起来的，得看实实在在的行动。说得天花乱坠，而做起来又是另一套，只会让人更厌恶，更看不起，何谈为人的信用?

获得众人的信任，铸就自己的信誉，不论你采取何种方法，笃诚、守信及勤劳是最根本的要诀。

这并不是空话，有许多事实可以证明这一点，国外国内知名度很高的企业无不把信誉推到第一位，受人尊敬的人无不是守信用的楷模。

相反地，有些人随随便便地向别人开“空头支票”，到头来又不兑现，相信他们无论在哪一方面都不会成功的。

马来西亚文人朵拉，写了一篇文章，题目叫《答应不是做到》，作者在总结人们的应酬交际活动时，提出了人们在交往中的一种不诚实、不守言的现象。文章中写道：

“很多时候，我们要求别人办事，他们的反应是：‘好的，好的。’年轻的时候，我听到朋友这样回答，就非常放心，并且感动得很，因为有些朋友实在是才结交不久的。然而过不了多久，便发现自己的心放得太早了。当人们点着头说‘好的，好的’时，他只是口头上说好，至于真的去实行，如果十个里有一个，就是你的幸运了。”

文章中说，这类交际者“承诺时，态度看起来非常诚恳，日子走过，把说过的话当成风中的黄叶，刹时便无影无踪”。

作者在宽慰和谅解朋友的同时自己也陷入这样的误区：自以为纯纯的我，究其实，是蠢蠢的我。在这个大家都忙忙碌碌的年代，居然妄想朋友听见你的要求，就抛下自己手上的事务不去处理而特别为不在他眼前的你去奔波。

时常用自己的心去度朋友之腹，结果得到的是自己的误解。也用不着去埋怨被谁欺骗，欺骗自己的其实正是自己。

大家都说：“答应并不表示做到。”大家可以答应你任何事，但是没有一次替你做，我们在社会上生存，全都被谎言磨得成了老滑头。有些原本纯朴敦厚的人，几年间，变得世故圆滑。如果回到过去，可以说，从前的自己也认不得现在的我了。这种现象，是欺骗的畸形产物。

说到底，承诺是一种信誉，一种责任。我们全然忽视了它的重要意义。答应帮助别人做的一点小事，是没有必要签订合同的。承诺的结果是应诺，履践诺言。真正的应诺有时像美丽的童话，让人感动得心灵震颤。

在与人相处中，恪守诺言既然是非常重要的一环，那么，如何才能做到恪守诺言呢？

恪守诺言要求人们对自己讲的话承担责任和义务，言必有信，一诺千金。许诺是十分郑重的行为，对不应办或办不到的事，不能随便许诺，一旦许诺，则须认真兑现。一个人如果失信于人，就降低了自己的价值。如果在履行诺言的过程中，情况有变，以致无法兑现，要向请托者如实说明情况并致歉意，这与言而无信是两码事。

在工作、学习和生活中，说真话，办实事，做老实人，实事求是，讲究实效，勤奋上进，任劳任怨；在人际关系上，光明磊落，坦诚相见，言行一致，表里如一，知错必改。

《荀子·大略》中说："口言善，身行恶，国妖也。""国妖"者自有其处世哲学：或投机钻营，或虚伪奸诈，或阴谋搞鬼，或卖国求荣，虽然得意一时，然而天理昭彰，终究遭到人们的鄙视、唾弃甚至遗臭万年。

失信于人，不仅显示其人格卑贱，品行不端，而且是一种只顾眼前不顾将来，只顾短暂不顾长远的愚蠢行为，终将一事无成。

失信于人，大丈夫不为，智者不为。

恪守信用，是一种可敬可佩的美德，是个人良好形象的外现。人们以讲究信用来表达对别人的尊敬，以良好的形象来表达对别人的赞美。

与人交往必须讲信用，这是最起码的生活准则，这也是最踏实的社交之道。在交际的过程中，要不嫉妒、不猜疑，小人之心不可取。要做一个胸怀开阔、光明磊落、心底无私的人。特别是一个文明的人绝不用嫉妒、猜疑去对待朋友和同事，而把一颗真诚友好的心奉献给他人。

3. 人格魅力势不可挡

人格魅力是一笔无价的财富，因为金钱对它莫可奈何。人格优美的人处处受欢迎，他能横扫你心中的阴霾，他走到哪里，哪里都会是一派祥和之气。

英国自由教会牧师和作家亨利·德拉蒙德把一种充满仁爱的品质称为世界上最伟大的事物，如果这种说法是恰当的，那么在人的个性中呈现出来的实实在在的爱，就是世界上最伟大的。而德拉蒙德自己一生的经历，比他曾经创作过的任何作品都更加伟大。他的一生是闪耀着高贵人格魅力的一生。

专门研究德拉蒙德的传记作者乔治·史密斯博士说：“你遇到他的时候，会发现他是一个举止优雅、衣着得体的绅士，他有修长的身材、轻盈的体态，走起路来脚步像鹿一样轻快。他的脸上总是挂着灿烂的笑容，似乎没有忧愁，也不知道什么是傲慢和羞怯。交谈时，他对你的话兴趣盎然。他会钓鱼、射击、溜冰、板球、足球……很少有人像他这样精通多种运动。为了看一场焰火表演或一场足球赛，他不惜长途跋涉。每次见面他都会有新的故事、新的谜语或新的笑话讲给你听。在大街上，他拉着你的手去看两个送信儿童的恶作剧；在火车上，他给你读他最喜欢的新故事；在雨天的乡村农舍里，他教你做新的游戏；在聚会上，孩子们为他巧妙的魔术手法大声喝彩。在少年时代，德拉蒙德有男子汉的气概，成长为男子汉后，他又有一颗童心。”认识德拉蒙德的年轻人把他称为“王子”。

他得到了人们的深深爱戴。他小时候打板球的伙伴马克拉仑说："德拉蒙德对人的影响力，超过了我认识的任何人。他有一种神奇的魔力，确切地说，其他人通过言行来影响周围的人，他却通过迷人的个性征服人们。"

至于了不起的亚伯拉罕·林肯，连他的政治对手斯蒂芬·道格拉斯也不得不承认，围绕在林肯周围的整个气氛都是最令人感到安全舒适的。

世界是一个能产生回音的山谷。我们以某种心态和言行影响着周围的人，他们也以同样的方式回馈我们。

爱迪生从拥有18名员工的小企业主成长为美国东部的工业巨头，他的个人魅力起到了很大的作用。他是一个实干型的企业家，他的个人魅力主要体现在——用巨大的工作热情感染员工。他干起活来废寝忘食，员工们也和他一样，不知道什么时候该下班，这不仅因为有公正的加班费和慷慨的奖励，而且——最重要的——大家都热爱自己的工作。没有一个人感到自己在为老板卖命，看起来老板比谁都拼命，大家到这儿来，就是和他一起干活。他是公认的天才，但他没有把自己供起来，他就在车间里，在乒乒乓乓的敲打声和刺耳的电锯声中开动他那非凡的大脑，成功后还跳非洲舞。他和工人们保持着交流，让他们参与每一项创造发明，人人都有机会展露自己的聪明才智，自我价值得到肯定，这往往比领薪水还快乐。这股干劲使企业生机勃勃，而企业蒸蒸日上的好形势又加倍激励着他们。爱迪生，就是这个迅速扩张的良性循环的源动力。他的话不多，他从小就不是一个善于辞令的人，但他凭借与生俱来的、自然流露的、十分简单的气质——对工作的热爱——征服了趣味相投的人们。他并不只是工作，他常常在车间开宴会，或者带着员工们去钓鱼。

一个人所到之处，认为任何事物都意味着幸福和快乐，每个人都善良和友好，每个人都彬彬有礼、乐于助人，那他一定会感到很满足。相反，如果他充满怨恨和抱怨，对什么事都吹毛求疵、斤斤计较，根本感受不到生活的快乐，认为世界一团黑暗、冷漠无情，那么他只会压抑沮丧、闷闷不乐，甚至成为厌世者。

思想消极的人，就像生活在自设的牢狱里一样，不停地抱怨生活的不公和黑暗。这些悲观主义者只看到生活中的失望、灾难和腐败，在他们眼里，社会总在退步。而乐观主义者则从正面看待社会，认为人人生而平等，并尽量从好的方面认识他们。人间的真善美和人类的希望与光明，正是依赖这些对世界有着美好认识的人。是他们，而不是那些心理阴暗、行为鄙俗的人推动着文明的进步。温厚慈祥的脸映照出来的，是宁静和安详，能够让人暂时忘却生活的压力；而一张拉长的脸，只会给人平添烦恼和不安。忧郁的人对生活只能是穷于应付，而乐观的人则微笑着主动面对生活。

下面的一段话是在英国格洛斯特郡一所古老的庄园里找到的，它们被写好后镶在一个镜框里，挂在一间客厅的壁炉台上：

“真正的绅士是上帝的仆人，是世界的主人，是自己命运的主宰，美德是他的事业；学习是他的娱乐；知足是他的休息；快乐是他的回报。上帝是他的父亲；耶稣基督是他的拯救者；圣人是他的教友；而所有需要他的人都是他的朋友。热忱是他的牧师；纯洁是他的侍从；节欲是他的厨师；温和是他的管家；好客是他的仆人；节俭是他的出纳；仁慈是他的看门人；谨慎是他的搬运工；虔诚则是他家中的女主人。这些成员在最恰当的时候为他服务。这样，他的整个家庭都是用美德构筑起来的，而他是这一切的主人。这样的人必然会将整个世界带上通往天堂的路。一路上他努力着，尽其所能，给自己带来灵魂的安宁，给别人带来心灵的‘快乐’。”

一位残废的老兵在佛罗伦萨的一座公共建筑物的台阶上拉小提琴，他的狗叼着他的帽子，接住人们抛过来的硬币。一位绅士走过来，要过小提琴，调了调音，替他演奏起来。他奏出的天籁之音吸引了很多路人，也让老兵的帽子收纳了很多硬币。帽子沉甸甸的，那条狗已经叼不住了，老兵刚把硬币收起来，帽子很快又被填满了。那位绅士体面的穿着和令人陶醉的演奏技艺，与混乱肮脏的街道相映成趣。他演奏了几首曲目，让老兵的口袋变得胀鼓鼓的，然后把小提琴还给老兵，一声不响地走了。在围观的人群中，有人认出他就是著名小提琴家阿玛德·布切。

和蔼可亲、心平气和的人，无论在家里还是在社会上，时时都能与别人和谐相处。

也许，他的事业很成功，但他的能力很一般，根本看不出有什么过人之处。殊不知，正是他那始终挂在脸上的迷人的微笑帮了他的大忙，赢得很多朋友，客户也乐意与他打交道。

人格优美、性情温和的人，到处都能受到欢迎、得到帮助。有些商人虽然没有雄厚的资本，却能吸引很多顾客，他们的事业因此进展得更快。

4. 信誉是商人的生命

信誉远比那些浮华夸张的广告重要得多。信誉是商人的生命，商人一旦丢失了信誉，就好比鱼儿离开了水源，人类离开了空气。

很多商业巨头的个人创业史表明，他们对交易的对方总是很在意。

斯图尔特先生认为，顾客有权知道真相，不管这样做会给商家带来什么后果，任何职员都不得在任何方面误导顾客，或者隐瞒商品可能存在的任何缺陷。他曾经向一个职员询问某种新款商品的销售情况，职员告诉他："这种商品设计得不太好，某些方面还相当差。"这个年轻人拿着样品对斯图尔特先生描述着它的缺陷，这时，一个来自美国内陆的大客户走过来问："你今天有没有质量上乘的新东西给我看呢？"年轻的推销员马上说："是的，先生，我们刚刚做出了一种恰好适合您需要的产品。"他一边说一边把那个有问题的样品递给顾客。他对这种产品的赞赏听起来非常诚心诚意，于是顾客马上决定订购一大批。一直默默旁观的斯图尔特先生插话了，他告诫这位顾客不要急于订货，再好好检查一下。然后他让这个年轻人到财务部门结算工资，因为从现在开始他不再是公司的员工了。

梅耶·安塞姆给我们讲了另一个关于诚实的故事。他是赫赫有名的罗特希尔德家族财团的创始人，18世纪末，他生活在法兰克福著名的犹太人街道上，他的同胞们往往在那里遭到令人发指的迫害。虽然关押他们的房门已经被拿破仑推倒了，那时他们仍然被迫在规定时间回到家里，否则将被处以死刑。他们过着卑微和屈辱的生活，生命的尊严遭到践踏，在这种环境下，犹太人很难保持诚实。但实践证明，安塞姆不是一个普通的犹太人。他在一个不起眼的角落创建了自己的事务所，挂了一个红盾，他称之为罗特希尔德，在德语中的意思是“红盾”。他在这里做借贷生意，迈出了创办横跨欧陆的大型银行集团的第一步。

当拿破仑把兰德格里夫·威廉从赫斯卡塞尔地区的地产上赶走的时候，威廉还有500万银币，他把这笔钱交给了安塞姆。当时，侵略者随时会把这笔钱没收。安塞姆精明地把钱埋在后花园里，等敌人撤退后，他再以合适的利率把它们贷出去。威廉返回时，安塞姆差遣大儿子把这笔钱连本带息还给了他，还附了一张明细账目表，使威廉喜出望外。

在罗特希尔德家族世世代代的成员中，没有一个人给家族的诚实的名誉抹过黑，不管在生活上还是在事业上。如今，“罗特希尔德”这个品牌的价值高达4亿美金。

商业领域有个信条：“顾客就是上帝，满意的顾客是最好的广告。”那些得到良好服务的顾客，会乐意向别人推荐这家商店。

如果人们在商业交易中都很真诚，讲真话，那么双方的合作就不会破裂。“不要相信那个做人不诚实的人。”劳伦斯·斯特恩说。商业交易需要双方都做到正直诚实。当人们不再互相信任的时候，就永远不会达成交易了。

波士顿市长哈特先生说，五十年来，他目睹了诚实和公平交易的深入人心，90%的成功的生意人都是以正直诚实而著称，那些不诚实的人的生意最终都会走向破产。他说：“诚实是一条自然法则，违背它的人会受到报应、受到应有的惩罚，就像万有引力定律不可违背一样，诚实的定律也是不可违背的。违背的结果就是受到惩罚，不可逃脱的惩罚。他们或许可以暂时的逃避，最终却无法逃避公道。商人拥有顾客们所需要的东西，同时也需要顾客所拥有的东西。当交易发生的时候，如果双方都是诚实的，那么双方都会受益。对资本家和工人来说，诚实对双方都是有利的。如果资本家不能诚实地对待工人，那么资本家不会赢得利润；反之亦然。就像90%的成功人士的经验所证明的，这是一条在生活中的任何方面都行得通的法则。”

正直也是一笔值得珍惜的财富。为什么成千上万的商人在芝加哥大火中失去所有的财富，却仍能够迅速东山再起呢？有人甚至还成了规模更大的批发商。他们并没有创业资本呀。然而，诚实信用就是他们的银行账户。商业机构认为他们是正直的人。他们从不拖欠，也很勤奋，对所有的人都讲信用。这种声誉就是东山再起的资本，这种声誉让一个身无分文的人可以买到数千万美元的货物。大火毁掉了商店，却毁不掉正直的声誉。

圣·路易斯银行主席在一次银行家会议上说：“成千上万美元借出去了，惟一的抵押品就是信誉。有的人虽然不富有，但却有高贵的品质，他们借款从来不超过自己的承受能力。”当另一个银行家说得更加明了：“我宁可借钱给那些诚实的穷人，也不愿借钱给不诚实的富人，虽然这些富人有很强的偿还能力。”这些话表明，精明的商人非常重视商业信誉。信誉就是资本，而且是每一个人都可以拥有的资本。

萨克雷说：“大自然已经在某些人的脸上刻了一个代表信用的符号，无论他在哪里出现，都将受到尊重。你会情不自禁地相信这样一个人，他们的外表就给人以信任感。在他们的脸上写着‘恪守承诺’这几个字，与另外一个人的书面保证相比，你甚至更倾向于相信前者。”

对于准备从事商业的人来说，开始最重要的是了解商界的规则。商人们根据你过去的记录采取行动。你的所作所为都要言而有信。一旦进入这个圈子，商业机构就记录着你的一举一动。如果你不正直诚实，会被束缚住，因为信誉就是无价之宝。人们永远不会借钱给狡猾无耻的人，商人和银行家根据他们对顾客信誉的评判来决定自己的行动。

5. 坚守信用是成大事者的最大关键

一个人如果希望事事有成、流芳百世，他首先要获得他人对自己的信任。一个人如果学会了如何获得他人信任的方法，真要比获得千万财富更足以自豪。

一个人的习惯会影响到他的品格，从而影响其日后的发展。越是细小的事情，越容易给人留下深刻的印象。一个人一旦失信于人，别人下次再也不愿意和他交往或发生贸易往来了。

如果一个人凭着自己良好的品性，以圆满做事的道理使人在心里认可你、信任你，那么你就有了一项成大事的资本。

但是，真正懂得获得人信任的方法的人真是少之又少。大多数的人都无意中在自己前进的康庄大道上设置了一些障碍，比如有的态度不好，有的缺乏机智，有的不擅待人接物，常常使一些有意和他深交的人感到失望。

有些年轻人开始经商时，常常有着这样的看法，即认为一个人的信用是建立在金钱基础上的。一个有钱的人、有雄厚资本的人，就有信用，其实这种想法是不对的。与百万财富比起来，高尚的品格、精明的才干、吃苦耐劳的精神要高贵得多。

任何人都应该努力培植自己良好的声誉，使人们都愿意与你深交，都愿意竭力来帮助你。一个明智的商人一定要把自己训练得十分出色，不仅要有经商的本领，为人也要做到十分的诚实和坦率，在决策方面要培养起坚定而迅速的决断力。

有很多银行家非常有眼光，他们对那些资本雄厚，但品行不好、不值得人信任的人，决不会放贷一分钱；而对那些资本不多，但肯吃苦、能耐劳、小心谨慎、时时注意商机的人，他们则愿意慷慨相助。

银行信贷部的职员们在每次贷出一笔款子之前，一定会对申请人的信用状况研究一番：对方生意是否稳当？能否成大事？只有等到觉得对方实在很可靠，没有问题时，他们才肯贷出款子去。

罗赛尔·赛奇说："坚守信用是成大事者的最大关键。"一个人要想赢得人家的信任，一定要下极大的决心，花费大量的时间，不断努力才能做到。

如何获得别人的信任呢？以下几点可供借鉴：

第一，必须注意自我修养，善于自我克制，做事必须恳切认真，建立起良好的声誉；应该随时设法纠正自己的缺点；行动要踏实可靠，做到言出必有信，与人交易时必须诚实无欺——这是获得他人信任的最重要条件。

第二，一个想要获得他人信任的人，必须老老实实做出业绩来让人看，证明他的确是判断敏锐、才学过人、富于实干的人。在这样一个企业和职业都专业化的时代，一个无所专长、又样样都懂一点的人物，与那些在某一领域有所专长的人相比，总是竞争力不够。所以，如果一个人身上有一笔最可靠的资本——在某一领域有所专长，那么无论他走到哪里，都将受到别人格外的重视。

第三，一个人要想方圆做人，更需要一种最可贵的资本——良好的习惯。有良好的习惯的人远比那些沾染了各种恶习的人容易成大事。世界上本来已有不少人快跨入成大事者的门槛，但是因为有一些不良的习惯，使得人家始终不敢对他抱以信任，他的事业因此而受阻于中途，无法再向前发展。那些沾染了各种恶习的人，大都自己是不太清楚的，但那些与他发生交往、产生业务往来的人却看得很清楚，因为他们大多是很看重这些问题的。

一个人的习惯会影响到他的品格，从而影响其日后的发展。有些年轻人原来品格优良，但后来因为沾染了一些恶习，结果再也没有出头之日。很多年轻人一开始很不注意自己的习惯，觉得那只是暂时的小事。但是，久而久之，他可能会因为一些恶习而为人所不齿，到时候他可能会懊悔起来，开始反思：真没想到那样随便玩玩也会成为改不了的癖习。但是，到时再懊悔又有什么用呢？

查尔斯·克拉克先生这样认为：

“很多人能够成就大事靠的就是获得他人的信任。但到今天仍然有许多商人对于获得他人的信任一事漫不经心、不以为然，不肯在这一方面花些心血和精力，这种人肯定不会长久地发达，可能用不了多久就要失败。我可以十分有把握地用一句话去奉劝想在商业上有所作为的年轻人：你应该随时随地地去加强你的信用。一个人要想加强自己的信用，并非心里想着就能实现，他一定要有坚强的决心，以努力奋斗去实现。只有实际的行动才能实现他的志愿，也只有实际的行动才能使他有所成就。也就是说，要获得人们的信用，除了一个人人格方向的基础外，还需要实际的行动。任何一个年轻人在刚跨入社会做事时，绝对不会无缘无故立即得到别人的信用。他必须发挥出所有力量来，在财力上建立坚固的基础，在事业上获得发展、有所成就。然后，他那优良的品行、美好的人格总会被人所发现，总会使人对他产生完全的信任，他也必定能走上成大事者之路。社会交往中，人们最注意的不是那个成大事者者的生意是否兴隆，进账是否多；他们最注意的往往就是那个人是否还在不断进步，他的品格是否端正，他的习惯是否良好，以及他创业成大事的历史、他的奋斗过程。”

很多年轻人都没有注意到：越是细小的事情，越容易给人留下深刻的印象。

要获得他人的信任，除了要有正直诚实的品格外，还要有敏捷、正确的做事习惯。即使是一个资本雄厚的人，如果做事不知方圆，优柔寡断、头脑不清，缺乏敏捷的手腕和果断的决策能力，那么他的信用仍然维持不住。

成大事希望最大的人倒不是那些才华横溢的人，而是那些最能以亲切和蔼的态度给人以好感的人。

通常，教师认为最有前途的学生往往就是那最能博得他欢心的孩子；老板认为最称心满意的店员，也就是那最能投合自己心意的人。

人类仿佛有一种共同的心理，那就是如果有人能使我们感到高兴喜悦，即使事情与我们的心愿稍有相背，也不太要紧。

我们生活中的许多例子都可以证明，能博得别人的欢心，获得人的信任，是为人处世必不可少的。要想博得人们的欢心、获得人们的信任，首先一条就是要有一种令人愉悦的态度，脸上要时时带着笑容，行动要轻松活泼。无论你内心中是否对别人有好感，但如果人们从你的脸上看不到一点快乐，那么谁也不会对你产生好感。

与人交流，最好要少说自己的身世、自己的遭遇和好恶，你应该学会做一个倾听者，常常流露出对别人的谈话兴趣，能仔细听对方说话。这样做对你自己丝毫无损，而你所表现出的对别人的同情却是他们心中最心爱、最重要的礼物。

任何事业都需要持之以恒，同样，要获得别人的信任也是如此。良好的态度要一以贯之，千万不要今天扮了一天笑脸，明天难以自制而故态复萌，显出粗俗急躁的本性。一个志向高远、决心方圆做人的人，做任何事情都会有始有终，而不会半途而废，否则，绝难获得人们的信任。